Teatro da Obsessão:
Nelson Rodrigues

SÁBATO MAGALDI

Teatro da Obsessão:
Nelson Rodrigues

São Paulo
2004

global
EDITORA

© Sábato Magaldi, 2004

Diretor Editorial
JEFFERSON L. ALVES

Gerente de Produção
FLÁVIO SAMUEL

Assistente Editorial
ANA CRISTINA TEIXEIRA

Revisão
GIACOMO LEONE NETO
RINALDO MILESI

Projeto de Capa
VICTOR BURTON

Editoração Eletrônica
LÚCIA HELENA S. LIMA

Dados Internacionais de Catalogação na Publicação (CIP)
(Câmara Brasileira do Livro, SP, Brasil)

Magaldi, Sábato, 1927-
Teatro da obsessão : Nelson Rodrigues / Sábato Magaldi. – São Paulo : Global, 2004.

Bibliografia.
ISBN 85-260-0917-6

1. Teatro – Brasil – História e crítica I. Título.
II. Título: Nelson Rodrigues.

04-1150   CDD–792.0981

Índices para catálogo sistemático:

1. Brasil : Teatro : História e crítica   792.0981

Direitos Reservados
GLOBAL EDITORA E DISTRIBUIDORA LTDA.

Rua Pirapitingüi, 111 – Liberdade
CEP 01508-020 – São Paulo – SP
Tel.: 11 3277-7999 – Fax: 11 3277-8141
e-mail: global@globaleditora.com.br
www.globaleditora.com.br

Colabore com a produção científica e cultural.
Proibida a reprodução total ou parcial desta obra sem a autorização do editor.

Nº DE CATÁLOGO: **2496**

Teatro da Obsessão:
Nelson Rodrigues

Publiquei, em 1987, *Nelson Rodrigues: Dramaturgia e Encenações* (São Paulo, Editora Perspectiva e Editora da Universidade de São Paulo), cujo sumário se compunha dos capítulos intitulados Opções, O percurso, As personagens, Os procedimentos, O pensamento, Encenações (as montagens correspondentes às dezessete peças deixadas pelo autor) e Rico inventário.

Sucedeu o livro ao preparo do *Teatro Completo* de Nelson Rodrigues, editado pela Nova Fronteira em quatro volumes, que se prolongaram de 1981 a 1989, e antecipou o aparecimento do volume único da Nova Aguilar, em 1993. Além de haver organizado as publicações, que, para efeito didático, dividiram a obra em peças psicológicas (cinco), míticas (quatro) e tragédias cariocas (oito), redigi os prefácios, com a preocupação de esclarecer os equívocos que praticamente acompanharam o lançamento de todos os espetáculos.

São esses prefácios que, pela sua extensão, decidi reunir num livro autônomo, que visa a contribuir para o conhecimento de um dramaturgo considerado por grande parte da crítica o mais importante do teatro moderno e, quiçá, do teatro brasileiro de todos os tempos.

PEÇAS PSICOLÓGICAS

A MULHER SEM PECADO

Nas memórias, confissões, entrevistas e conversas, Nelson Rodrigues nunca procurou atribuir um cunho de fatalidade ao encontro com o teatro. Sua verdadeira vocação seria o romance. Desde menino, devorava um romance depois do outro. De dramaturgia, só havia lido, ao iniciar-se no palco, *Maria cachucha*, de Joracy Camargo. E, na infância, viu Alda Garrido em burletas de Freire Júnior. O desejo de ganhar dinheiro, para mitigar os vestígios da fome ainda próxima, alimentou o projeto teatral de uma comédia. Logo às primeiras páginas, a independência da criação transformou a história em drama terrível. As marcas vindas da infância e da adolescência sobrepunham-se a um propósito deliberado, que traía a vocação autêntica. Ainda bem que Nelson se deixou levar pela voz interior: nasceu *A mulher sem pecado*, que já contém em germe todas as características do dramaturgo.

Escrito em 1939, o "drama em três atos" subiu à cena no dia 28 de dezembro de 1941, no Teatro Carlos Gomes do Rio de Janeiro. Crítica e público reservaram-lhe um sucesso de estima. Nenhuma grande efusão, mas a certeza de que se tratava de alguém dotado para o diálogo e com personalidade própria. Eu me pergunto se o receio de não atingir o público, familiarizado apenas com as comédias de costumes e o dramalhão, não determinou aqui, e em muitas outras peças, o caráter folhetinesco da narrativa. A real intuição do ficcionista resgatou *A mulher sem pecado* da subliteratura.

Um resumo dos episódios mostra como Nelson mobilizou os efeitos tradicionais do folhetim: a falsa pista, o suspense, a sur-

11

presa final. Olegário, o protagonista, meteu-se há sete meses numa cadeira de rodas, como paralítico. O objetivo da simulação? Testar a fidelidade da mulher Lídia. Toda a ação gira em torno do ciúme doentio de Olegário. Quando ele por fim se convence de que não é traído, Lídia, esgotada, foge com o motorista da casa.

A matéria de *A mulher sem pecado*, como se vê, não se constitui de especial transcendência. Está-se próximo do *fait divers*, do quase anedótico. Uma das numerosas histórias de que Nelson nutriria, mais tarde, a coluna diária da imprensa, sob o título "A Vida Como Ela É"... Algumas, simples crônicas apressadas; outras, embrião de obras de fôlego; ainda umas terceiras, contos elaborados com extremo poder de síntese e força literária. Em toda a dramaturgia, aliás, Nelson parece comprazer-se com entrechos ralos, de cuja aparente fragilidade extrai sugestões poderosas.

Alinhem-se algumas características, definidoras do estilo do autor. Em primeiro lugar, o procedimento obsessivo, paroxístico do protagonista. "A única coisa que me interessa é ser ou não ser traído!" — confessa ele à mulher. Com afã demente, Olegário suborna pessoas, para lhe relatarem os passos de Lídia. Está na iminência de perder totalmente a noção de realidade, prestes a rasgar a fronteira que o desligará em definitivo do mundo. Desse ponto de vista, Nelson aproxima-se de todos os grandes criadores, que não se cingiram às conveniências realistas, não temendo o exagero, superação do irreal que se erige em prototípico. Da mesma argila são esculpidos os heróis de Eurípides, Aristófanes, Shakespeare, Molière e tantos derramados da dramaturgia.

Outra característica: a morbidez, detectável em Olegário como em personagens menores. A morbidez, em si, não é qualidade nem defeito. Muitas vezes o qualificativo mórbido foi aplicado a Nelson Rodrigues, com o objetivo de enfraquecê-lo. Tenho para mim que a morbidez funciona, nele, para aguçar a sensibilidade, abrindo desvãos psicológicos que de outra forma continuariam vedados. Além do mais, como diferençar, hoje em dia, o doente do sadio, o normal do anormal? Todas essas distinções acham-se, na melhor das hipóteses, atenuadas. Nelson Rodrigues foi nosso primeiro dramaturgo a sublinhar de forma sistemática os componentes mórbidos da personalidade, coexistindo com as facetas consideradas normais. Mais um traço, que acompanha o obra inteira: a ironia feroz.

Olegário estava satisfeito com o teste a que havia submetido Lídia e desmascarou a farsa da paralisia, quando uma carta lhe dá ciência de que ela fugiu com Umberto. Os prazeres são sempre efêmeros, as alegrias escondem apenas uma realidade que não se desvendou ainda. Na verdade, Nelson nunca se recuperou das tragédias familiares e elas estão no substrato das histórias mais inocentes que compôs. A obviedade leva a assimilar todos os desfechos irônicos e trágicos das peças ao episódio biográfico do assassínio do irmão Roberto, desenhista de grande talento: uma mulher dirigiu-se à redação para matar o pai de Nelson, o famoso e polêmico jornalista Mário Rodrigues, e, como não o encontrasse, perguntou por um dos filhos, descarregando a arma, ao acaso, em Roberto. Ironia do destino, no melhor sentido moderno da Moira grega, que Nelson incorporou, com a verdade da experiência pessoal, ao seu teatro.

A técnica traz inovações que valorizam sempre a pesquisa formal do draumaturgo. O diálogo já é direto, enxuto, isento de literatice, como bem observou o poeta Manuel Bandeira. O ritmo agiliza-se, as cenas duram o necessário para armar a situação e definir as psicologias, os cortes injetam um novo alento nos episódios. Nelson ainda adota a divisão tradicional da peça em três atos, mas não há intervalos de tempo. A concentração, outra das características do autor, fez que ele começasse o segundo ato com a mesma réplica do fim do primeiro e, o terceiro, no ponto em que termina o segundo. Assim, os intervalos servem apenas para permitir o descanso do espectador, sufocado pela intensidade dos acontecimentos. Hoje em dia, quando se eliminou de todo a convenção segundo a qual o primeiro ato apresenta, o segundo desenvolve e o terceiro conclui o conflito, *A mulher sem pecado* ganharia em ser encenada de um só fôlego, sem intervalo.

Nelson sente necessidade de acrescentar, em certos momentos, um contraponto introspectivo, e o microfone transmite a voz interior. O recurso serve não para Olegário ponderar se, por estar falando sozinho, não incorre num sintoma de loucura, como para fazer um comentário entre o conceitual e o poético: "Muitas mulheres achariam bonito amar um chofer". (Esse gênero de reflexão volta em *Vestido de noiva*, quando Clessi fala que "As mulheres só deviam amar meninos de 17 anos!") No desfecho, Olegário começa a ler a carta deixada por Lídia, e se ouve a voz dela, numa presença dramática mais efetiva, compensando a fraqueza da informação por via epistolar. O microfone, à semelhança de muitas outras liberdades que o dramaturgo adotará, mostra que ele não se prende a discutíveis purismos da linguagem cênica, e toma de empréstimo instrumentos de outras artes, desde que úteis em determinadas circunstâncias.

As personagens são talhadas com economia descritiva, oferecendo de si a imagem que aproveitará ao todo dramático. Assim, importa de cada uma apenas a faceta que acrescentará um dado novo à ação, fundamentando-a, sem sobrecarregá-la. Não deixa de ser um achado a figura de D. Aninha, doida pacífica, mãe de Olegário, que não diz uma só palavra, enrola perpetuamente um paninho e fornece a chave familiar para a compreensão da personalidade do filho. A criada Inézia, Joel (empregado de Olegário, de um servilismo abjeto), Maurício, irmão de criação de Lídia, e D. Márcia, ex-lavadeira e mãe de Lídia, ajudam a formar o quadro de decomposição familiar. O chofer Umberto, que se finge de impotente e conquista Lídia, diz que precisa insultar uma mulher, quando gosta dela... Um modo de violentação no relacionamento, em lugar da confidência romântica.

A tessitura psicológica de Olegário é a de um temperamento sequioso de absoluto, incapaz de aceitar um compromisso menor com a realidade. Daí ele não se conformar que o passado de Lídia não lhe pertença. E quem moraliza o pensamento e o sonho, se eles são livres? Se Olegário pode vibrar com uma bela mulher, por que Lídia não vibraria com um belo homem? Num esforço para aceitar a fraqueza humana, ele acha que a fidelidade devia ser uma virtude facultativa...

Olegário emite paradoxos que se tornarão a marca registrada do cronista e memorialista. Diz ele, por exemplo, a Lídia: "... Sabes que eu acharia bonito, lindo, num casamento? Sabes? Que o marido e mulher, ambos, se conservassem castos, castos um para o outro, sempre, de dia e de noite. (...) Conhecer o amor, mesmo do próprio marido, é uma maldição. E aquela que tem a experiência do amor devia ser arrastada pelos cabelos..." Assusta-se Olegário com o espectro da traição: "Ninguém é fiel a ninguém. Cada mulher esconde uma infidelidade passada, presente ou futura". A mulher bonita se satisfaria como namorada lésbica de si mesma... Olegário argumenta para Lídia: "O fato de você mesma olhar o próprio corpo é imoral. Só as cegas deviam ficar nuas..." Ou ainda: "Como é obsceno um rosto! Por que permitem o rosto nu?!" Na exaltação, Olegário pensa que todos os homens deviam ser mutilados. E o delírio o leva a imaginar um quarto de onde não sairiam nunca ele, Lídia e o suposto amante: "Olhando um para o outro, até o fim da eternidade". O receio da infidelidade fixa Olegário nessa imagem absurda, incorporando o hipotético amante da mulher a um cotidiano atemporal.

Lídia, embora acabe por consumar a traição que o marido temia, tem tudo das mulheres frustradas que povoam a dramaturgia rodriguiana. Bonita, casou-se com um homem de condição social e financeira superior, porque é filha de ex-lavadeira. Até a "paralisia", Olegário não se incomodou com ela, chegando em casa às duas e às três da manhã. Exemplar típico do velho machismo brasileiro, ele a tratava como "esposa", para a qual existe um limite, só ultrapassado com a amante. Ela diz não saber quase nada de amor – "no colégio interno, aprendi muito mais do que no casamento".

Por outro lado, Olegário humilhava-a, afirmando que a tirou da Aldeia Campista e dava dinheiro à família dela. O marido, com sua idéia fixa, meteu na cabeça de Lídia a noção do pecado : "Você me obriga a só pensar em homens, até em meninos de quatorze, quinze anos!" Foi de fato ele quem a empurrou para Umberto, o homem mais ousado que se encontrava à mão, e que serviu de fato para Lídia libertar-se daquele círculo opressor. Mais do que uma adúltera que liquida a vida do marido, Lídia é a vítima por ele permanentemente oprimida, permitindo apenas, pelo gesto inevitável de evasão, que ele cumprisse seu destino de predestinado.

Antes da decisão, Lídia faz excelente monólogo preparador, disfarçado como desabafo com a mãe de Olegário. Dostoievskianamente (justificando já a influência que Nelson confessa ter sofrido do autor de *Crime e castigo* e presença constante em sua obra), ela afirma para a sogra que não passa um dia sem desejar a morte do marido. A fantasia erótica anima Lídia a confessar, com volúpia: "Queria que me seviciassem num lugar deserto..." (Esse motivo psicológico reaparecerá, realizado, em *Bonitinha, mas ordinária*.) Por enquanto, a heroína rodriguiana é mais tímida e, ciente de que suas palavras enlouqueceram, pede perdão à sogra, incapaz de entendê-la. Pressionada, Lídia, em meio às contradições interiores, opta pela fuga.

Não conheço peça do repertório brasileiro, encenada na década de trinta ou até o advento de *Vestido de noiva*, que proponha questões semelhantes a *A mulher sem pecado*. Sabe-se que Oswald de Andrade, anos antes, havia realizado uma aventura sob certos aspectos ainda mais ousada, mas que a estreiteza do nosso palco e dos nossos hábitos confinara ao livro. Nelson sempre negou ter conhecido *O rei da vela*, *O homem e o cavalo* e *A morta*, escritas e publicadas de 1933 a 1937. Quem sabe se seria outra sua trajetória, se ele, naquela ocasião, tivesse entrado em contato com Oswald? Quando veio a assistir a *O rei da vela*, estreada pelo Teatro Oficina em 1967, na admirável montagem de José Celso Martinez Corrêa, Nelson já estava completamente formado e só poderia receber com reservas a virulência política de Oswald, cujo Abelardo, aliás, tem parentesco facilmente apreensível com vários representantes rodriguianos das classes abastadas. No tímido palco brasileiro do início dos anos quarenta, *A mulher sem pecado* ensaiava uma audácia psicológica ausente da nossa produção dramatúrgica. E que teve a sorte de fazer-se espetáculo.

Naqueles anos – não se pode esquecer – já se instaurara no Brasil a férrea ditadura do Estado Novo, em conseqüência do golpe getulista de 10 de novembro de 1937. Ainda está para ser estudado o estupro sofrido pelo teatro com a violenta censura então imposta a toda a vida do País. Com o passar do tempo, tende-se a esquecer que muitas diretrizes artísticas e literárias refletem o clima político da época. A análise introspectiva de *A mulher sem pecado* poderia ser a única saída criadora permitida a Nelson pela ditadura de Getúlio Vargas. E a fuga da atmosfera opressiva, empreendida por Lídia, e o suicídio de Olegário, mergulhado na loucura que ele mesmo forjou, já seriam a antecipação do desfecho trágico do Estado Novo, embora na fase mais amena da segunda subida do ditador ao poder, pelo voto democrático.

VESTIDO DE NOIVA

Nelson conta, em *O reacionário*, que ao tomar o bonde de volta para casa, depois da estréia pouco efusiva de *A mulher sem pecado*, já pensava em *Vestido de noiva*. Ressentido com a platéia, queria agredi-la. Imaginou para a nova peça "o processo de ações simultâneas, em tempos diferentes. Uma mulher morta assistia o próprio velório e dizia do próprio cadáver: 'Gente morta como fica.' Morrera, assassinada, em 1905, e contracenava com a noiva de 1943. Eu acreditava muito no êxito intelectual, mas acreditava ainda mais no fracasso de bilheteria" – escreveu ele.

No afã de obter apoio intelectual para o texto, Nelson submeteu-o a Manuel Bandeira, que meses antes da estréia publicou sobre ele um artigo do mais alto apreço. Terminava Manuel Bandeira, em *A Manhã* de 6 de fevereiro de 1943: "O progresso de *A mulher sem pecado* para *Vestido de noiva* foi grande. Sem dúvida o teatro desse estreante desnorteia bastante, porque nunca é apresentado só nas três dimensões euclidianas da realidade física. Nelson Rodrigues é poeta. Talvez não faça nem possa fazer versos. Eu sei fazê-los. O que me dana é não ter como ele esse dom divino de dar vida às criaturas de minha imaginação. *Vestido de noiva* em outro meio consagraria um autor. Que será aqui? Se for bem aceita, consagrará... o público".

Antecipava o poeta uma consagração que ocorreria no dia 28 de dezembro daquele ano, quando a peça estreou no Teatro Municipal do Rio de Janeiro. A data tornou-se histórica no teatro brasileiro, porque, ao mesmo tempo que Nelson dava uma dimensão insuspeitada à nossa dramaturgia, o grupo amador de Os Comediantes, dirigido pelo polonês Ziembinski, renovava o nosso espetáculo. São hoje lendárias as conquistas da montagem: substituía-se o velho estilo do predomínio do astro pelo desempenho da equipe, ensaiando-se e valorizando-se com igual carinho todos os intérpretes; o cenário construído e estilizado de Santa Rosa impunha-se pela modernidade de linhas, funcional e simultaneamente rico de sugestões; Ziembinski trocava a iluminação uniforme da sala de visitas habitual pelo uso de muitos refletores, concebendo cerca de 150 efeitos luminosos; e o elenco abandonou as convenções do palco tradicional por formas estilizadas, adotando, contraponteado com as cenas de puro realismo, o grotesco de inspiração expressionista.

A técnica das ações simultâneas, em tempos diferentes, não seria eficaz, se não estivessem a ampará-la os três planos em que se divide a ação: realidade, memória e alucinação. A realidade surge de vez em quando, para situar os acontecimentos. Aliás, o espetáculo começa ao som de ruídos, indicadores de um acidente: buzina de automóvel, rumor de derrapagem violenta, barulho de vidraças partidas, assistência. Repórteres comunicam às redações que um automóvel acaba de pegar uma mulher, na Glória, perto do relógio. Adiante, médicos estão à volta de uma mesa de operação. Em outra cena, comenta-se numa redação a identidade dos protagonistas: a acidentada, Alaíde Moreira, branca, casada, 25 anos, residente à rua Copacabana; o marido, o industrial Pedro Moreira. Por fim, no plano da realidade, os médicos dão por encerrados os esforços cirúrgicos, e ao telefone o repórter transmite à redação a notícia da morte de Alaíde.

O plano da realidade, como é fácil observar, tem a função específica de fornecer as coordenadas da ação, indicando o tempo cronológico linear da história. Ao reduzi-lo aos elementos essenciais, sempre através de *flashes*, Nelson quis deixar bem claro que eram outras suas ambições artísticas. O que povoa o palco são os planos da memória e da alucinação – campo exploratório privilegiado pelo autor. E, assim, os diálogos e as situações de *Vestido de noiva* resumem-se, quase sempre, à projeção exterior da mente decomposta de Alaíde, dividida entre o delírio e o esforço ordenador da memória. O acidente desagrega, de um lado, a personalidade, que, de outro, procura reconstituir-se, ao recuperar as lembranças. Nesse território, tudo é livre, para o dramaturgo soltar a imaginação e confiar-se às associações poéticas. Pode-se dizer, em outros termos, que os planos da alucinação e da memória se passam no subconsciente de Alaíde.

Sem as peias da censura, a heroína liberta a libido, e seu retrato se compõe por meio da soma dos episódios biográficos reais e dos imaginários, compensadores das frustrações acumuladas na vida breve. Um dado verdadeiro: Alaíde roubou da irmã Lúcia o namorado Pedro, e se casou com ele. Ela tentou afirmar-se, sem dúvida, na vitória sobre a irmã. E, Bovary carioca, insatisfeita com o cotidiano que não oferecia grandes lances romanescos, Alaíde transfere para Madame Clessi, mundana assassinada por um adolescente, no começo do século, os impulsos de fantasia e grandeza.

Como se processa a transferência? Informa-se que Alaíde descobriu, no sótão da casa em que, solteira, passou a residir com a família, o diário de Madame Clessi. Daí ao desejo de identificar-se ilusoriamente com a cortesã foi um só passo. Acidentada, na alucinação, Alaíde vai à busca, em primeiro lugar, da mundana. Percorre caminhos imaginários, até finalmente encontrá-la. Os diálogos atingem alguns dos mais belos momentos da mitologia personalíssima do dramaturgo.

O esforço da memória se volta para a reconstituição da cena do casamento, passagem capital na psicologia da jovem, como de resto de toda a antiga mentalidade familiar brasileira. Os mecanismos interiores fazem que apareça uma Mulher de Véu, só mais tarde identificada como Lúcia. Todos os homens, também, surgem com o rosto de Pedro. A circunstância de o noivo haver visto a noiva, antes da cerimônia, significa um mau presságio para a união. No sonho, Alaíde chega a assassinar Pedro, desejo reprimido que, na realidade, não se concretizou.

A distinção dos planos da memória e da alucinação não obedece a fronteiras rígidas. A memória deveria conter-se nos acontecimentos do passado, enquanto as cenas em que aparece Clessi, por exemplo, pertenceriam naturalmente ao território do delírio.

Vestido de noiva

Mas, na mente em decomposição de Alaíde, os dois planos às vezes se confundem e estão inscritos na lembrança episódios que só podem ter consistência no plano alucinatório. Depois de um certo tempo, a própria Clessi ajuda Alaíde a recordar passagens verídicas – apoio do delírio para a tentativa de apreensão do passado. Muita gente objetou que a peça se prolonga além do término natural, que seria a morte de Alaíde. O encenador Ziembinski gostaria de encerrar o espetáculo quando a protagonista deixa de respirar, na mesa cirúrgica. Com base em sua intuição, Nelson não concordou com as críticas, exigindo sempre que se respeitasse o desfecho que escreveu. Procurei apresentar, para a obediência à forma original, uma fundamentação teórica. E Nelson a aceitou sem reservas.

Assim como são tênues as fronteiras entre os planos da memória e da alucinação, nada impede que Alaíde, no hausto final, antecipasse o que ocorreria na realidade. As seqüências rápidas que sucedem à morte da heroína – remorso e recuperação de Lúcia, e casamento com o viúvo – poderiam ser ainda a projeção da mente decomposta, embora o autor assinale que se trata do plano da realidade. Mas como julgar real a última imagem, em que Alaíde vai entregar à noiva o buquê de núpcias, na presença fantasmagórica de Clessi? Depois de se fundirem as marchas fúnebre e nupcial, apagam-se as luzes, e só fica iluminado, sob uma luz lunar, o túmulo de Alaíde. É ela quem preside toda a trama.

E a liberdade tomada pelo dramaturgo, além de permitir a bonita plasticidade do desfecho, reforça a colocação de seus pontos de vista. Retorna a ironia feroz, a imagem cruel da realidade. A aventura poética de Alaíde se encerra, em verdade, com o matrimônio da irmã com seu marido. Todos os juízos sobre o mundo real se revestem, na peça, de duro pessimismo.

A primeira configuração desse pensamento se encontra no próprio acidente – brutal, anônimo, implacável. Os repórteres, ao anunciá-lo, dizem que a acidentada não morreu, mas vai morrer. Os médicos não ultrapassam a frieza profissional, tratando a paciente como objeto a ser recomposto. O telefonema da leitora ao jornal assinala o alheamento do mundo à volta, a incapacidade

21

de comoção verdadeira com a dor dos outros. Depois de ter visto o desastre, que tacha de horrível, a leitora faz uma prosaica reclamação contra o abuso dos automóveis.

A secura telegráfica utilizada pelos médicos prossegue a implacabilidade do real. Ouçam-se as falas: "Pulso?" "160." "Pinça." "Bonito corpo." "Cureta." "Casada – olha a aliança." "Aqui é amputação." "Só milagre." "Serrote." Quando Pedro se espanta de que Alaíde se encontra em estado de choque, o médico esclarece: "É uma felicidade. Uma grande coisa. A pessoa não sente nada – nada". A consciência, isto é, a realidade, importa apenas em sofrimento. É melhor isolar-se no inconsciente, para que o mundo não machuque.

Nelson repudia a realidade, grosseira, caótica, hostil. No subconsciente, não é outra a imagem do real. Alaíde é vítima do acidente quando foge da revelação que lhe traz a briga com a irmã. Acidente ou tentativa simulada de suicídio, para escapar aos ônus do cotidiano? O amor perfeito de Clessi pelo adolescente se afigura, de fato, uma compensação da perda do filho, tão parecido com o rapaz. O crime folhetinesco do estudante surge como recusa da realidade, já que a família o oprime e existem senadores para a mundana. O pacto de suicídio seria a forma de imortalizar o amor, liberto das imperfeições da vida. Nelson, contudo, não se contenta em oferecer essa pintura – romântica ou folhetinesca, não importa – de uma união ideal. Alguém quebra, morbidamente, essa imagem. Um freqüentador do bordel informa que Madame Clessi morreu gorda e velha, e tinha varizes (várias personagens serão assim descritas, em diferentes peças). O sadismo no amesquinhamento do real leva o Homem de Barba a dizer, no velório de Clessi, que o cadáver está irreconhecível, porque a navalhada pegou grande parte do rosto.

O grotesco é outro recurso utilizado por Nelson para qualificar pejorativamente a realidade. A referência à aliança de casamento se completa com a indicação: – "Grossa ou fina, tanto faz". No plano da alucinação, Alaíde fala: "Um morto é bom, porque a gente deixa num lugar e quando volta ele está na mesma posição". A bisbilhotice no velório de Clessi, dialogando o Homem de Barba, a Mulher Inatual e o Rapaz Romântico, tem essa mesma característica. O contraste do velório com as figuras ridículas e o comentário de que pela manhã chegaria muita gente salientam o grotesco da situação. A caricatura da *Traviata* e de ...*E o vento levou* mostra o absurdo da cena em que a mãe exige de Clessi que se afaste do adolescente. Outro pormenor de grotesco, misturado ao gosto do desagradável, está na explicação de Lúcia à mãe: – "Eu também falei, mamãe, que quando a senhora começa a transpirar – a senhora é minha – mãe – mas eu não posso! Não está em mim. Tenho que sair de perto!"

O móvel do conflito de *Vestido de noiva* é o amor de duas irmãs pelo mesmo homem. O tema reaparece em outras obras e será tratado realisticamente em *A serpente*, a última peça deixada pelo dramaturgo. Haverá explicações psicanalíticas para o fenômeno e o interesse obsessivo que lhe votou o autor. Certa vez perguntei a Nelson por que seu teatro insistia tanto nessa forma de amor, que subentende rivalidade, uma semelhante inclinação familiar e o desejo de superar no afeto a pessoa próxima, compensando talvez a suposta preferência materna. O dramaturgo respondeu que achava lindo o tema, de inesgotáveis sugestões poéticas. Não é outra a colocação de Clessi: "Engraçado – eu acho bonito duas irmãs amando o mesmo homem! Não sei – mas acho!..."

E é essa rivalidade que desencadeia a tragédia. Caberia discutir se é correta a atribuição do gênero trágico a *Vestido de noiva*. Há uma designação técnica, associada ao conceito grego, que sem dúvida não se aplica à peça. Ressumados todos os princípios, a partir da Poética aristotélica, resta a idéia de que tragédia se associa a inevitabilidade, quase sempre à luta inglória do homem com o destino que lhe é superior, e muitas vezes o abate. Apesar da progressiva humanização da tragédia grega, o homem nunca deixou de ver-se a braços com a fatalidade. Nesse contexto, como atribuir o gênero a *Vestido de noiva?*

Talvez proceda falar numa tragédia anônima do cotidiano – fixação da vida contemporânea, na qual o homem é peça de uma engrenagem maior, que pode a qualquer momento, fortuitamente, esmagá-lo. De um ponto de vista acadêmico, o acidente poderia definir-se como o fato teatral menos trágico. Alaíde é apenas vítima de um automóvel que a colheu. Nelson cercou o acontecimento, porém, de tamanha inevitabilidade, que ele se assemelha à catástrofe trágica. Depois do violento atrito com a irmã, em conseqüência dos problemas conjugais, Alaíde vai para a rua como um local de sacrifício e aí, pequena e amesquinhada, um automóvel, poderosa força obscura do mundo de hoje, a fulmina de forma inapelável. Para o aniquilamento de sua personalidade, representado pelo atrito com Lúcia, o acidente equivale a um tiro de misericórdia e de libertação.

As inovações de *Vestido de noiva* logo fizeram que ela saltasse do campo restrito do teatro para as outras artes. Escreveu-se que a dramaturgia brasileira ingressava, pela primeira vez, no domínio da literatura (afirmação um tanto injusta, diga-se de passagem, se se lembrar a beleza literária de *Leonor de Mendonça*, de Gonçalves Dias, por exemplo, e de várias peças do nosso repertório posterior). Sem nenhum demérito – é claro – de Nelson Rodrigues.

Seria mais adequado dizer que o teatro, como espetáculo, se universalizava à maneira das outras artes modernas, e Nelson Rodrigues representava para o palco o que trouxeram Villa-Lobos para a música, Portinari para a pintura, Niemeyer para a arquitetura e Carlos Drummond de Andrade para a poesia. O certo é que a estréia de *Vestido de noiva* fez que o teatro brasileiro perdesse o complexo de inferioridade.

VALSA Nº 6

O êxito de *Vestido de noiva* inspirou a Nelson todas as audácias. Se ele fosse um autor acomodado, daria por encerrada a contribuição no caminho da pesquisa, escudando-se num gênero mais facilmente assimilável. O próprio Nelson confessou: "*Vestido de noiva* teve o tipo de sucesso que cretiniza um autor. Parti para uma coisa salvadora, para *Álbum de família*, que é um anti-*Vestido de noiva*. O teatro é mesmo dilacerante, um abcesso. Teatro não tem que ser bombom com licor".

Com *Álbum de família* (1945), o dramaturgo ingressou no território mítico. Depois do subconsciente, cabia sondar o inconsciente primitivo. Essa exploração prosseguiu em *Anjo negro* (1946) e *Dorotéia* (1947). *Álbum* nem chegou ao palco, na ocasião, em virtude do veto da Censura, só estreando duas décadas mais tarde. *Anjo negro* teve um êxito de estima. *Senhora dos afogados*, interditada em janeiro de 1948, subiu ao palco apenas em 1954. E *Dorotéia*, montada em 1950, foi um indisfarçável malogro. Muita gente pensou que se tinha apagado a estrela do autor.

É possível que o divórcio da crítica e da platéia, que não acompanharam sua ousadia, obrigasse Nelson a tornar-se mais cauteloso. Essa eventual circunstância, ligada a outras, levou-o a escrever, em 1951, o monólogo *Valsa nº 6*. Outro possível antecedente da elaboração da peça foi o grande êxito popular que Pedro Bloch obteve no ano anterior, com o monólogo *As mãos de Eurídice*. Por que não enfrentar também o gênero, só que abolindo nele as convenções tradicionais e injetando-lhe verdadeira ambição artística? Nelson tinha ainda nova motivação, muito ponderável: com um monólogo, de montagem pouco dispendiosa, estaria propiciando o lançamento como atriz de sua irmã Dulce Rodrigues.

Em entrevista que me concedeu, publicada no *Diário Carioca* de 6 de agosto de 1951 (dia seguinte à estréia), Nelson contou como nasceu a idéia do monólogo: "Achei, sempre, que um dos problemas práticos do teatro é o excesso de personagens. Entendo, no caso, por excesso, mais de uma. Pensei, por isso, há muito tempo, na possibilidade de tal simplificação e despojamento, que o espetáculo se concentrasse num único intérprete. Um intérprete múltiplo, síntese não só da parte humana como do próprio *décor* e dos outros valores da encenação. Uma pessoa individuada – substancialmente ela própria – e ao mesmo tempo uma cidade inteira, nos seus ambientes, sua feição psicológica e humana".

Um ideal de pureza e teatralidade absolutas – eis o que Nelson pretendeu realizar. Quanto ao impulso criador, originou-se da grande simpatia que ele teve em toda a vida pelo adolescente, como elemento e valor teatral: "A juventude, sobretudo na fronteira entre a meninice e a adolescência, é de integral tragicidade. Nunca uma criatura é tão trágica como nessa fase de transição. "Mas a simplicidade parecia ao dramaturgo despistadora, pois resultou de uma conquista dificílima.

Sobre o título e a participação da música, Nelson afirmou: "Diariamente eu lanchava na Alvadia. A partir de certo momento e durante cerca de uma semana, passei a sentir uma euforia completa, um inexplicável bem-estar físico. Surpreso, procurei explicar-me o fenômeno, até que seis ou sete dias depois descobri que a satisfação, a felicidade, cuja origem desconhecia, eram provocadas pela música de Chopin, fundo sonoro do filme *À noite sonhamos*, na ocasião exibido no Império. Creio ter nascido aí o desejo de transpor a experiência pessoal para o palco, atingir no teatro resultado semelhante: o espectador, sem saber como e porquê, sentiria profunda tensão e prazer estéticos, mesmo sem compreender a peça, nos elementos de lucidez e consciência".

A preocupação com o envolvimento do público, independentemente do domínio racional do texto, justificava-se em Nelson, em virtude da forma como ele via a personagem: "*Valsa*

Valsa n° 6

n° 6 é menos parecida com outro monólogo do que uma máquina de escrever com uma de costura. Coloquei uma morta em cena porque não vejo obrigação para que uma personagem seja viva. Para o efeito dramático, essa premissa não quer dizer nada". Aí estava o nó da questão: uma morta em cena, monologando como se estivesse viva. No programa do espetáculo, levado às segundas-feiras, no Teatro Serrador do Rio, o dramaturgo informava: "uma jovem de 15 anos, que já morreu, tenta lembrar-se do que aconteceu".

Ousei discordar da colocação de Nelson, menos por bizantinismo crítico do que por acreditar que a obra de arte muitas vezes escapa dos intentos expressos pelo autor, adquirindo uma independência que se liga muito mais aos seus motivos secretos, fora do plano consciente. Para Nelson, Sônia, a protagonista de *Valsa n° 6*, surgia morta no palco, e não seria necessário invocar uma crença espiritualista para o crédito da experiência cênica. Mecanismos interiores devem ter agido para que o dramaturgo pretendesse impor uma concepção nada ortodoxa, evitando, ao mesmo tempo, parecer repetitivo. Porque, na verdade, o tempo real de *Valsa n° 6* é muito semelhante ao de *Vestido de noiva*. Cria-se a trama dessa peça a partir do acidente, até a morte de Alaíde. Durante toda a ação, ela não sai do estado de choque. No monólogo, ocorre fenômeno idêntico: a ação se passa entre o golpe assassino sofrido por Sônia e a sua morte. A heroína também não sai do estado de choque e, no delírio, recompõe o mundo à volta. Aqui a realidade se reduz à presença do piano branco em cena, e a protagonista vive os planos da alucinação e da memória.

A diferença é simples: enquanto, em *Vestido de noiva*, os diálogos exteriorizam a montagem imagística da mente de Alaíde, *Valsa n° 6* sintetiza o mundo no monólogo de Sônia. Na primeira peça, as personagens saltam do subconsciente de Alaíde, para adquirir vida própria. Na segunda, é Sônia quem dá vida, em seu subconsciente e graças ao desempenho mimético da atriz, às personagens que formam o seu universo adolescente. Evidentemente, essa exegese punha em xeque a visão do autor, que julgou Sônia morta. Mas Nelson não se deu por achado e, encerrando a questão, aproveitou como prefácio do monólogo, na edição do *Teatro quase completo*, o artigo que sobre ele publiquei no Suplemento Literário do *Diário Carioca*, em 12 de agosto de 1951.

Vestido de Noiva às avessas – essa a concepção evidente de *Valsa nº 6*. Tem alguma importância a verificação? Diminui de algum modo o alcance estético do monólogo? Creio que não, porque Nelson se valeu de um diferente artifício artístico, para reabilitar um gênero bastante desacreditado. Em geral, o melhor monólogo é um diálogo em que o interlocutor não responde. Lembrem-se *Antes do café*, de O'Neill, e *A voz humana*, de Cocteau. Em 1973, Roberto Athayde estreou *Apareceu a Margarida*, em que uma professora se dirige aos espectadores, como se fossem seus alunos. Além desses achados, o monólogo tem pouca chance de justificar-se, porque o realismo não se dá bem com uma personagem falando sozinha – e o realismo entranhou-se de tal maneira nos nossos hábitos que mesmo os textos que se voltam deliberadamente contra ele aceitam muitos de seus princípios.

A narrativa, elemento difícil de suprimir-se no monólogo, não costuma ser aceita como expressão de pura teatralidade, apesar da teoria épica de Brecht. O valor unitário da figura cênica a não ser excepcionalmente prescinde dos lances evocativos, e o intérprete único que se rememora paralisa a ação, declama para o público. O conflito – essência verdadeira da realidade do palco – se dilui numa criatura que não se opõe a outra, inexiste na ausência de atrito motivado por um antagonista. Tudo isso torna o monólogo um gênero ingrato, propenso a conter os recursos mais discutíveis para contrabalançar as próprias deficiências, reduto das frustrações que não sabem resolver no diálogo a matéria dramática.

O primeiro mérito de *Valsa nº 6* vem de Nelson ter criado um monólogo absolutamente teatral. Aboliram-se os métodos prosaicos e habituais da forma. O autor não se serviu de espetaculosidade ou complicações aleatórias para atingir o objetivo. Não importam a luz, o cenário, o tempo e o espaço. A peça repousa sobre a palavra, trabalhada dramaticamente. Resultou um poema dramático, em que a conclusão do monólogo é poesia. Superou-se o lado discursivo, racional e lógico, para se viajar no território da fantasia, da criação livre, do imponderável e da pureza. Como argumento e composição, o texto respira a matéria frágil. Fragilidade que se confunde com o poético.

Logo no início do monólogo, a intérprete chama Sônia: "Quem é Sônia?..." "E onde está Sônia?" (Lembre-se que o primeiro movimento de Alaíde, em *Vestido de noiva*, é a procura de Madame Clessi, sob certo prisma um desdobramento de sua personalidade.) Ela começa a recompor-se: um rosto a acompanha. Surge a lembrança da loucura. Afirma-se o alheamento, a perda no tempo. Vem, após, a recusa do desequilíbrio mental, que a marcou na passagem de menina a mulher. "Depois eu me lembro de tudo o que eu fui, do que sou". Sônia é o único nome feminino retido na memória. Em virtude do estado de choque, rompida a lucidez, Sônia principia a desdobrar-se em outra personagem, a que se opõe, nas sabidas lutas do íntimo.

A seguir, Sônia situa a família. O caso com Paulo, presença que se descobre aos poucos. É registrada a ausência de fatos. O desejo de matar Paulo. E, antes de encerrar-se a primeira parte, já que, sem intervalo o espectáculo, a música de Chopin estabelece a ligação entre dois atos distintos – Sônia, beijada como mulher, se transforma inteiramente em outra personagem, que a menina se recusa a admitir com a própria identidade.

Na segunda parte começam o esclarecimento e a iluminação da memória, reconstitui-se o crime. "As lembranças chegam a mim aos pedaços". "Eu não saio daqui sem saber quem sou e como sou". Acentua-se a natureza da menina e a da mulher. É confessada verdadeira adoração por Paulo. A revelação de um caso com um homem casado. Aprofundam-se os dados psicológicos, até que a coincidência de um grito identifica a personagem e Sônia numa só pessoa, no momento final. Elucida-se completamente o crime e o coro, encarnado pela personagem, exclama: "Só a morte viu o teu rosto verdadeiro e último".

Configura-se, objetivamente, o itinerário que precedeu a morte, e não a evocação, após o desenlace. Fica nítida a analogia com *Vestido de noiva*: Sônia, de início, está perdida na memória. Antes da morte, há como um último momento de lucidez, a mobilização definitiva e total da matéria para se reintegrar. No esforço, reconstituem-se os fatos mais importantes, as imagens se sucedem fragmentárias. Propiciou-se uma visão sincopada da personalidade. Finalmente, a morte encerra o devaneio.

No subconsciente de Alaíde, em *Vestido de noiva*, forma-se a imagem de uma mulher irreconhecida, que aparece depois coberta de véu, para, no final, identificar-se como a irmã Lúcia. Em *Valsa nº 6*, diversas personagens crescem por esse processo. Veja-se o Dr. Junqueira: "Porque eu, imagine, eu guardei o nome, mas não me lembro do seu rosto e..." O mesmo sucede a Paulo: "Quem será Paulo? Paulo é apenas um nome". Ela também é um nome. Aos poucos, todos adquirem fisionomia completa e se realizam no próprio destino. Outro contato das duas obras se acha na conclusão filosófica, de humorismo, ironia, senso feroz do irremediável. O médico de *Vestido de noiva* afirmou que o estado de choque é uma grande felicidade: a pessoa não sente nada. A comadre recriada em *Valsa nº 6* diz: "...quem fica chora... E o defunto? O defunto nem sabe que morreu!"

A certeza da morte é expressa por meio do coro. No sentido clássico, o dramaturgo lhe confere uma função antecipadora da fatalidade que virá. Sabendo-se que as outras criaturas (o mundo exterior) reagem através da única personagem, compreende-se que ela faça um coro a propósito da morte próxima. Mas essa é a fundamentação tradicional da técnica. Há também outra, que encontra raízes na mecânica do subconsciente e explica o coro com base na psicologia. Intuído pela sensibilidade o último instante, a vítima como que se projeta após a morte, em quase fuga, libertação nascida do masoquismo e do narcisismo. Esses componentes existem, sobretudo, na fase de transição retratada, na mudança de menina a moça. Um exemplo banal relativo à hipótese seria a do passageiro de avião que, atemorizado ante possível catástrofe, organiza a própria morte, vê-se irremediavelmente perdido, os outros já a cuidarem dos sentimentos que lhes provocaria a notícia. Com esses esclarecimentos, fica justificado o lugar da personagem no tempo.

A motivação psicológica, de resto, é admirável em todo o monólogo. Com grande frescor e doce ingenuidade, Sônia escorre ora para a menina, ora para a moça. Surge o pavor da loucura, típica entre os sintomas da transição. A revolta contra a operação das amígdalas, símbolo de um complexo de castração e terror da experiência sexual. O desgosto por ter perdido a missa, como imagem do pecado. A descoberta da mulher, que tem vergonha de tudo: dos próprios pés, dos móveis descobertos, índice da adolescente que adquire consciência do próprio corpo. O desejo de matar o nome de Sônia, sintoma da autodestruição tentada na idade. O amor por Paulo, o ódio pela decepção, e a entrega sentimental, não obstante. O caso com um homem casado: a menina, que deveria procurar alguém de sua idade, se atrai por um homem mais experiente – complexo de Édipo típico, sem o tom probatório da psicanálise.

 A imagem individuada que Sônia faz de si mesma existe como novo dado psicológico da transição. A menina e a moça formam uma dupla personalidade. No delírio do inconsciente, o ser de abismo procura projetar uma figura lúcida e completa da vida que se esvai. Explicaria ainda a criação, na personagem, de outra Sônia – uma inimiga em certos momentos, uma rival – o fundo narcisista da adolescente, que se contempla num eu quase abstrato, onde deposita o que desejaria ser e o que é, mesmo contra impulsos adversos e a censura íntima. Finalmente, um grito – impacto para verificação da personalidade autêntica – aproxima as duas, e elas se fundem na morte.

 O tema está estreitamente vinculado às demais peças do dramaturgo. Quem não reconhecerá no assassínio de uma menina por um velho médico um assunto resvalando o melodramático, tão do agrado de Nelson Rodrigues? A situação aproxima-se do folhetinesco, de que o texto escapa pela exata dosagem no aproveitamento do conteúdo dramático. Tudo se resgata pelo poder verbal, que revela sutilezas surpreendentes. Passa-se da tragédia à ironia, do drama ao humorismo e à caricatura – ligado à morte está o coro de comadres dizendo: "A mãe é bacana. Teve 15 ataques!"

 A sugestão poética não definha um instante. A imaginação febril da adolescente fundamenta os versos que se entremeiam à história: "Quando chove em cima das igrejas, os anjos escorrem pelas paredes". "Paulo cresce como um lírio espantado". "E os cabelos rolando pelo silêncio das espáduas". "Um defunto contamina tudo com a sua morte – a mesa e a dália". "Que teu perfil de morta passe por entre lírios cegos". Por fim, a própria caracterização do bêbado como símbolo da gratuidade, da evasão poética – um bêbado falando de uma menina morta. Nelson Rodrigues tem o direito de contrabalançar a secura de seu diálogo com o derramamento lírico, nunca sem propósito, desse monólogo.

Louve-se a depuração de *Valsa nº 6*, em que um certo hermetismo não impede a heroína, pela sensibilidade, de comunicar-se com a platéia. A concepção e a fatura conferem ao monólogo o estatuto de obra de vanguarda.

VIÚVA, PORÉM HONESTA

O itinerário teatral de Nelson nunca foi pacífico. A ousadia artística, o gosto da provocação, o senso de publicidade, o desafio à crítica situavam todas as estréias no terreno da polêmica. *A falecida*, *Senhora dos afogados* e *Perdoa-me por me traíres*, que sucederam *Valsa nº 6* no cartaz, não fugiram dessa característica. Sobretudo o último espetáculo, quando o dramaturgo atuou também como intérprete. No fim do terceiro ato, a platéia do Municipal carioca prorrompeu em vaias. Compensando-se de possíveis amarguras, Nelson, ao menos para uso exterior, dizia considerar o apupo a suprema realização.

Mas, além do sarcasmo que destilava pela imprensa contra os opositores, o dramaturgo utilizou suas armas específicas para vingar-se. Nada melhor do que o palco para desmoralizar os críticos especializados que não o poupavam. No dia 13 de setembro de 1957 estreou, no Teatro São Jorge do Rio, *Viúva, porém honesta*, qualificada como "farsa irresponsável em três atos" (*Doroteia*, peça mítica, recebera oito anos antes classificação idêntica).

Disposto a ir às últimas conseqüências, Nelson entregou-se à mais desenfreada caricatura. Esqueceu-se propositalmente de todas as regras de dramaturgia, ou melhor, fez questão de transgredi-las e instaurar no palco uma ampla loucura, em que valeria o brilho efêmero do instante. Não cabe ponderar agora se era justa ou injusta a fúria do autor, ou se os meios utilizados adequaram-se à situação. Temperamento apaixonado, não propenso ao debate racional, Nelson não poderia revidar os ataques recebidos com argumentação sóbria e livresca. Restava-lhe o caminho do desabafo, no qual tentaria levar os desafetos ao ridículo.

Para concretizar o intento, criou o autor a grande "farsa irresponsável", que a peça mantém, da primeira cena ao desfecho. Em seu gabinete de *A marreta*, o maior jornal do Brasil, o Dr. J. B. de Albuquerque Guimarães (vejam-se as iniciais), "gângster da imprensa, a mascar o charuto da sua sórdida prosperidade", dialoga com o redator-chefe Pardal, que usa "tapa-luz de jornalista de filme". Dr. J. B. transmite-lhe a preocupação: capaz de nomear até ministro pelo telefone, e de montar nele ("Sem testemunhas, com prazer" – admite Pardal), não tem forças para fazer a filha sentar. A filha Ivonete, que na noite de núpcias traiu quatro vezes o marido, torna-se viúva inconsolável, e só aceita ficar de pé. Está aí uma das metáforas admiráveis de um paradoxo sempre repetido por Nelson: trair um vivo ainda passa, mas um morto, nunca.

Quem é esse marido? Um *flashback* o traz à cena. Irrompe na redação um foragido do SAM (Serviço de Assistência aos Menores), cognominado Dorothy Dalton (estrela do cinema mudo), pedindo socorro. Pardal tem a idéia maquiavélica de uma "demagogia sórdida", para demonstrar que o SAM corrompe e o jornal salva: emprega o jovem homossexual como crítico de teatro. "Não é escrito e escarrado o crítico teatral da nova geração?" – fala o redator-chefe ao Dr. J. B.

Novo *flashback* evoca os antecedentes de Ivonete, no segundo ato. Tia Assembléia leva a sobrinha ao Dr. Lambreta, médico da família há 45 anos. O diagnóstico: gravidez de dois meses. Tudo parece estranho, porque Ivonete só gosta da Luci, mas o Dr. J. B. tem de providenciar imediatamente um marido para a filha: "O animal que quiser ser pai de araque eu dou um ministério. Está resolvido!" Na redação, a jovem indica o eleito: Dorothy Dalton. A situação da descoberta da gravidez e a escolha do marido, tratadas como comédia, Nelson retomará respectivamente em *Os sete gatinhos* e *Bonitinha, mas ordinária*, para explorá-las também sob o prisma dramático.

Comprometido apenas com a farsa, o autor reconstitui a noite de núpcias, recheada por um séquito de assessores e de traições. E em seguida o Repórter Esso transmite no rádio: "Atenção! Atenção. Conforme o 'Repórter Esso' anunciou em edição extraordinária, faleceu, esta madrugada, conhecido crítico teatral da nova geração e fugitivo do SAM, Dorothy Dalton. O extinto foi atropelado, segundo uns, por um papa-fila, segundo outros, por uma carrocinha de chica-bom". Nem à morte do crítico o dramaturgo conferiu dignidade: desmoraliza-a a hipótese do atropelamento.

A insistência da viúva no luto irremediável só combinaria com o tratamento trágico. A farsa permite o passe de mágica. Diabo da Fonseca, em cuja carteirinha profissional está consignada a profissão "Belzebu", ressuscita Dorothy Dalton. Assim, Ivonete não é mais viúva. E desaparece o impedimento de trair o marido. O próprio Diabo incumbe-se de retomar a carreira interrompida de Ivonete, baixando o pano sobre o beijo da traição.

A brincadeira, a falta de cerimônia em apelar para uma ressurreição, a desfaçatez da farsa desabrida mostram que não era grande a ambição artística. Todo dramaturgo, sobretudo com uma obra densa e sólida, não perde nada em fazer um exercício de relaxamento, mesmo para descarga de motivos menores. Nelson não parece ter dado muita importância a *Viúva, porém honesta* e pouco a citou, quando fez pronunciamentos sobre a sua obra.

Mas a despretensão dos propósitos não deve iludir quanto à utilidade da experiência e ao valor do resultado. O texto abre nova diretriz no teatro rodriguiano. Traz-lhe maior flexibilidade, estimula-o a caçoar de todas as convenções. Impedimento de nenhuma espécie tolhe a liberdade do dramaturgo. A trama não se resolve no plano natural? Apela-se para Diabo da Fonseca, disponível para empreender qualquer tipo de ação. Assim como o ficcionista se valeu dos contos-crônicas de *A vida como ela é...* para inspirar peças, *Viúva* serviu de ensaio para vôos maiores.

Principalmente no tocante a personagens, Dr. J. B., por exemplo, prenuncia, entre outros, o Dr. Werneck de *Bonitinha, mas ordinária*. Capitalista que não teve o menor escrúpulo para amealhar fortuna, ele dissocia o poder financeiro da noção de moral e não titubeia ante qualquer obstáculo. Nelson fixou nesse grupo de personagens sua idéia de homens todo-poderosos, montados no prestígio e no dinheiro, ante cujo capricho não tem validade nenhum argumento. Intuitivos e espontâneos, nem se pode afirmar que sejam maus. Amorais, o mundo só existe na medida em que alimenta o seu ego. Seriam os grandes vitoriosos da sociedade capitalista – seus representantes mais legítimos. A fim de aconselhar-se a respeito da maneira de vencer a inconsolabilidade da filha, o Dr. J. B. cerca-se do psicanalista Dr. Lupicínio, do otorrino Dr. Sanatório e da ex-cocote Madame Cricri, juntando-se a eles Diabo da Fonseca, saído de uma explosão que lembra o magnésio dos antigos fotógrafos. Todos especialistas em sexo: o psicanalista, no consultório, e a ex-cocote, em casa. Quanto ao otorrino, o Dr. J. B. justifica: "Ninguém ama sem ouvidos, nariz e garganta". E o Diabo lá está, porque sentiu o cheiro da viúva, que é a sua preferência.

Nelson aproveita-se dessa reunião para desenvolver uma sátira, em poucas pinceladas. O doente fala e paga, e o psicanalista cala: "Aliás, cobre meu silêncio pelo taxímetro". O otorrino, para a maior dignidade de seu pronunciamento, repõe a barriga postiça. Madame Cri-cri, "contemporânea do Kaiser, de Mata-Hari, da febre amarela", tem uma casa aparelhada para qualquer predileção do freguês. A tara do Diabo da Fonseca: há milhões de anos sonha com uma viúva. Madame Cri-cri pode arranjar-lhe uma recente, de oito horas. Para Diabo, só serve viúva, porém honesta. Por isso ele se acerca de Ivonete, encerrando a farsa.

Dr. Lambreta, "clínico ilibado", velhinho de óculos, é outra figura caricaturada. Como os médicos satirizados por Plauto e Molière, ele se dispõe a examinar não a paciente, mas a acompanhante. O longo trato humano o autoriza a fazer observações não rotineiras. A "menina tem razão em não querer abrir a boca... Uma boca aberta é meio ginecológica"... Nelson se compraz nessas colocações surpreendentes, que desnudam uma verdade que de hábito não se confessa. Evocando o médico assassino de Sônia, em *Valsa nº 6*, Dr. Lambreta afirma que "a mulher só devia ter quinze anos, nem um minuto a mais, nem um minuto a menos"... Mais tarde, sai caçando mães, até que dois enfermeiros o agarram, e ele pedala o ar.

Tia Assembléia, que não se casou, reviverá em *Toda nudez será castigada*. Em *Viúva*, ela admite ter sonhos impróprios – atravessa um terreno baldio, enquanto aparece um homem, nu da cintura para cima. Fuma escondido no quartinho da empregada e Ivonete já a surpreendeu dizendo palavrão na frente do espelho (a mãe de *Os sete gatinhos* escreve nomes feios nas paredes do banheiro...). O puritanismo esconde sempre, segundo Nelson, a violenta repressão do sexo. A outra Tia Solteirona não quer filhos, mas três mil e quinhentos amantes.

No plano do presente, mais uma vez, ocorre pouca coisa. Ivonete ficou viúva, Dr. J. B. convoca um conselho para fazê-la sentar, Diabo da Fonseca ressuscita o marido e Ivonete, sem o veto da viuvez, pode exercer à vontade o pecado. Recheiam a peça, assim, os antecedentes da história, trazidos ao palco em *flashback*: no primeiro, reconstitui-se o episódio da chegada de Dorothy Dalton à redação; depois, o diagnóstico da suposta gravidez de Ivonete; a seguir, o casamento de Ivonete e Dorothy Dalton (o próprio Dr. J. B. vai distribuindo chapéus às personagens); finalmente, a noite de núpcias, movimentada pelas quatro prevaricações de Ivonete.

O clima farsesco dita a desenvoltura dos recursos, para que a trama progrida. A evocação da noite de núpcias é feita a partir de um assobio agudíssimo de Pardal, chamando os noivos. O Dr. J. B. começa a recompor uma situação, erguendo o revólver e dando um tiro, como para uma saída natatória. É necessário indicar que se passaram seis meses de viuvez e o Dr. J. B. simplesmente anuncia: "Agora, vamos fazer uma nova transição de tempo". O espetáculo adere por completo ao faz-de-conta, o que lhe dá um delicioso sabor de jogo.

A sátira tem algum sentido para a platéia? Nelson não está empenhado em aprofundá-la, mas não deixa de externar seu pessimismo anárquico. Quando o Psicanalista diz que o Diabo nem devia entrar em casa de família, ouve a seguinte resposta: "Que família? A tua? A dele? E vou provar o seguinte, querem ver? Que é falsa a família, falsa a psicanálise, falso o jornalismo, falso o patriotismo, falsos os pudores, tudo falso!" Ao berrar "Olha o rapa!" (aviso da chegada da polícia para os contraventores), há um pânico no palco e todos correm até a platéia. Diabo da Fonseca pode então concluir: "Nem a solteirona escapou: tem amantes aos borbotões. O diretor de jornal vende o Brasil; o redator-chefe vende a família. O psicanalista não cura nem brotoeja; o otorrino só lê Brucutu". Cada um recebe o seu quinhão: Ivonete é a legítima messalina de rancho, "Madame Cri-cri é essa cordial hediondez em flor, com o seu tráfico de brancas. Dorothy Dalton, o crítico da nova geração, é o abjeto confesso e inefável".

Nesse juízo, expresso em tom de brincadeira, sem a solenidade das condenações inapeláveis, Nelson deixa escapar o seu entranhado moralismo. A vítima não é somente o crítico teatral da nova geração, primeiro alvo da sátira: nenhum valor fica de pé, na sanha demolidora do dramaturgo.

ANTI-NELSON RODRIGUES

Depois de *Toda nudez será castigada*, sua décima quinta peça, Nelson interrompeu durante quase dez anos a produção dramática. Ele atribuía o silêncio à escravidão profissional – a sobrevivência reclamava um número incontável de matérias jornalísticas. Acresce que a saúde precária, após vários enfartes e intervenções cirúrgicas, exigia uma vida mais metódica, sem a faina criadora das madrugadas. O dramaturgo confessou que só se dispôs a escrever *Anti-Nelson Rodrigues* para se libertar do cerco movido durante seis meses pela atriz Neila Tavares, que lhe pedia um original. O espetáculo estreou no dia 28 de fevereiro de 1974, no Teatro Nacional de Comédia do Rio.

Começa a estranheza pelo título. Por que *Anti-Nelson Rodrigues*? Tenho para mim que, sob vários aspectos, a peça é até mais Nelson Rodrigues que as demais. O dramaturgo acabou por considerar o título um "charme irônico". E em entrevista que publiquei no *Jornal da Tarde* de São Paulo, em 2 de março de 1974, ele tratou do assunto: "Agora que a vi (a peça) no palco em ensaios sucessivos, realizada cenicamente, sinto que ela teima em ser Nelson Rodrigues. Há no texto uma pungência, uma amargura, uma crueldade e ao mesmo tempo uma compaixão quase insuportáveis. O grande elemento novo de *Anti-Nelson Rodrigues* é, ao meu ver, a profunda e dilacerada piedade que nem sempre as outras peças extrovertem. Realmente, nunca tive tanta pena de meus personagens. Há um momento em que Oswaldinho, o possesso, ouve de Joice: "Você ainda vai beijar o chão que seu pai pisou". Aí está toda a chave do personagem e da própria peça. Isso quer dizer que há em cada um dos homens e das mulheres que sofrem no texto uma violenta nostalgia de pureza. "É como se eu dissesse: o degradado absoluto não existe e em cada um de nós há um santo enterrado como sapo de macumba. Esse santo pode explodir a qualquer momento. No fim, o espectador sai certo de que Oswaldinho é um falso canalha. O seu momento final é esse instante de São Francisco de Assis que todos nós levamos nas entranhas".

Ponderei que o texto usa maior número de frases das *Confissões* que os anteriores, aproximando-se mais por isso, talvez, da realidade do dramaturgo. E, pela promessa de amor eterno que *Anti-Nelson Rodrigues* apresenta, não seria mais Nelson Rodrigues do que as outras obras? A resposta veio afirmativa: "Desde garoto que me preocupo com a eternidade do amor. Quando sei que um vago casal se separou, sofro com isso. É quase uma dor pessoal, quase uma ruptura na minha vida. Mas as pessoas se separam porque realmente não amavam. Agora mesmo, aos 61 anos de idade, acho que a pior forma de adultério é a da viúva que se casa novamente. Mas – repito – se casa porque não conhecia o amor. Nos meus dez anos eu sonhava com a menina com quem ia namorar, noivar, casar – sem jamais traí-la. Sou absolutamente a favor da fidelidade, inclusive masculina. Se nunca a realizei, o defeito é meu e a degradação é minha. Por esse lado, por essa nostalgia de amor eterno, o *Anti-Nelson Rodrigues* é mais Nelson Rodrigues do que todas as minhas peças anteriores".

Creio que o título nasceu principalmente do *happy end*, tão diferente da esmagadora maioria das outras obras. Mortes, suicídios, crimes selam, em geral, o desfecho da dramaturgia rodriguiana. Uma efetiva conclusão rósea só existiu em *Bonitinha, mas ordinária*, com a qual, aliás, *Anti-Nelson Rodrigues* tem outros pontos de contato. A visão da realidade, sempre brutal e ignominiosa, não permitiria ao dramaturgo julgar rodriguiano um final feliz. Mas, no horror que lhe inspirou a queda paradisíaca, responsável por toda a escuridão humana, Nelson mostra o seu anseio de pureza e de absoluto.

"Flor de obsessão", como os amigos o denominavam e ele admitia prazerosamente, Nelson não se pejou de retomar muitos motivos, espalhados por toda a obra. Na pior das hipóteses, essa característica facilita a identidade à primeira vista, reafirmando o cunho pessoal, de que poucos escritores se podem gabar. Pertencem à matéria comum de Nelson: a oposição pai-filho, a inclinação mãe-filho, a solidão do velho casal, a desagregação dos valores convencionais, a força corruptora do dinheiro, os erros e os vexames íntimos em certo momento confessados, a existência numa corda esticada e nunca o mole e o frouxo, e – acima de tudo – a crença numa ética última e irredutível da criatura humana, marcando-lhe a transcendência.

Oswaldinho há dez anos escreve cartas anônimas semanais ao pai, chamando-o de "ramalhal chifrudo". Rouba as jóias da mãe, para compensar o dinheiro em falta. É o *playboy* autêntico, filho único de pai milionário, para quem todas as mulheres se resumem a objeto de desfrute. Pois bem: esse rapaz, aparentemente irrecuperável, é tocado de súbito pela graça do amor, e sua vida se transforma. Nem a mulata do Assírius (o símbolo de sexualidade mais evidente para o machismo brasileiro) lhe desperta o erotismo à flor da pele. Oswaldinho só será um homem realizado se tiver Joice. E o pano baixa sobre a promessa de idílio eterno do casal.

O dramaturgo contrapõe ao mundo sinistro de Gastão, pai de Oswaldinho, que deseja ao menos comprar a misericórdia de uma lágrima em seu velório (o que representaria uma síntese da tragicidade de seus seres órfãos na terra), a esperança no absoluto do amor. Romantismo ultrapassado e sem propósito? Em termos de teorias modernas sobre o amor, é difícil acreditar na experiência que Oswaldinho e Joice vão empreender. Mas toda arte vale, em grande parte, pelo desejo de fixação do impossível. Ela propõe modelos que, mesmo inatingíveis, cristalizam elementos das ambições e dos desígnios secretos do homem.

O poder de depuração enche a peça de cenas antológicas. Assim, por exemplo, o diálogo entre Gastão e a mulher, Tereza, que ele encontrou adormecida. Parafraseando um conceito de sua própria autoria, Nelson faz o marido dizer: "A pior forma de solidão é a companhia da minha mulher". Ela não escuta a confidência sobre como Gastão gostaria de morrer, nem sobre o seu sonho. O milionário se parece com os outros poderosos da obra rodriguiana. E, na solidão total, só escuta da mulher: "Apaga essa luz. Apaga essa luz".

Tereza é mais uma personagem feminina que se define pela frustração. A essa altura, não requer do marido nada para si, nem se importa que ele tenha amantes. Concentra toda a afetividade no filho, com um compensatório amor possessivo. Reivindica para ele o posto vago de presidente da fábrica de confecções nas indústrias do marido, e se solidariza com todos os seus caprichos, perdoando até o furto de jóias. Tanto Gastão como Tereza são de um incômodo patético.

Joice difere, psicologicamente, da maioria das jovens cariocas. Seu pai, Salim Simão, afirma não ter escrúpulos de dizer que ela é virgem. Por esse motivo, sem dúvida, o dramaturgo conferiu-lhe a religião de Testemunha de Jeová. Moça da classe média, Joice tem noivo e deseja trabalhar. Ao pai, revela não se sentir capaz de paixões (a confidência serve para mostrar que a ligação com o noivo é efêmera, desfazendo-se logo que ela se apaixona de fato). Criatura reta, Joice rasga o cheque com o qual Oswaldinho pensou comprá-la e se dá a ele por amor. A retidão de Joice não é convencional, porque ela não subordina a entrega física ao matrimônio, mas à esperança da eternidade do sentimento.

Com o repórter policial Amado Ribeiro, do elenco de *Beijo no asfalto*, Nelson já havia tido a experiência de incluir criaturas reais entre as suas personagens, sem mudar-lhes o nome. *Anti-Nelson Rodrigues* acrescenta outra: o jornalista Salim Simão, amigo íntimo do dramaturgo. Na peça, ele se torna pai de Joice, figura fictícia. Os diálogos, com extraodinário à vontade, fazem considerações sobre a realidade da personagem, familiar aos leitores da crônica esportiva assinada por Nelson. Quando Joice fala a Oswaldinho o nome do pai, ele pergunta: "Não é o Salim Simão botafoguense, o personagem do Nelson Rodrigues?" E acrescenta: "Quer dizer que o Salim Simão existe? Eu pensava que era assim como o Sobrenatural de Almeida, o Gravatinha, a grã-fina das narinas de cadáver" – outras invenções populares do colunista. O próprio Salim Simão observa, com humor: "Muita gente me pergunta se eu existo mesmo".

A personagem está pintada com ternura, não se importando o dramaturgo de emprestar-lhe frases usadas para si mesmo, como: "Sou uma múmia, com todos os achaques das múmias". Caracterizado como viúvo, Salim Simão é o confidente da filha e lhe transmite muito do seu mundo – quase um *alter ego* do dramaturgo: "Nenhuma mulher é obrigada a se casar. Sexo é pra operário"; "Eu também confiava na tua mãe. Era uma santa. E quantas vezes fui pra esquina espiar se entrava homem na minha ausência?"; ou "Quando se trata de mulher, qualquer homem é um canalha".

Numa cena de pungente dramaticidade, Salim Simão que, citando Nelson Rodrigues, se diz "um extrovertido ululante", acaba por contar à filha o episódio da confissão que fez a um amigo, ao sentir-se próximo da morte, numa casa de saúde: obrigara as garotas que namorou, até os 30 anos, a praticar 18 abortos. Joice continua a achá-lo formidável, ao que ele replica: "os *formidáveis* fazem o que eu fiz. Quero que você não se esqueça: "O sexo nunca fez um santo; o sexo só faz canalhas". O sexo aparece na dramaturgia rodriguiana como o grande estigma da maldição a que está condenado o homem.

O jornal e o tango foram a vida de Salim Simão. A mulher agoniza, num *flashback*, e pede que ele dance, pela última vez, *A media luz*. Salim dança como se fosse realmente – observa a rubrica – Rodolfo Valentino nos *Quatro cavalheiros do apocalipse*. Para Oswaldinho, ele diz não temer o ridículo: "Já reparou que a grande dor é ridícula?" Essa cena prepara aquela que terá com a filha, quando ela pergunta se ele acredita que alguém vai comprá-la. Salim cai nos pés de Joice e diz, aos berros: "Não é diante de ti que me ajoelhei, mas diante de todo o sofrimento. (*Ergue-se furioso.*) Mas onde é que eu li isso, meu Deus". A citação de *Crime e castigo* compensou Nelson de ter sido antecipado por Dostoiévski (seu grande modelo), ao fazer Raskolnikoff ajoelhar-se diante de Sônia.

Anti-Nelson Rodrigues tem duas outras personagens de apoio: Leleco e Hele Nice. Esta, criada da casa de Salim Simão, é uma negra de busto enorme e ventas triunfais (um dos achados verbais do autor, mencionado com freqüência e que reaparecerá na mulata afrodisíaca de *A serpente*). Confirmando a mitologia da velha empregada doméstica, na sociedade patriarcal brasileira, o que Hele Nice mais deseja na vida é que Joice seja jurada de televisão.

Leleco, nome que já aparecera em *Boca de ouro*, na *Vida como ela é...* e no romance *Asfalto selvagem*, participa da trama como amigo de Oswaldinho. Companheiro de estroinice do protagonista, é abominado por Tereza. Mas Leleco tem a função de preparar Oswaldinho para Joice, no sentido de alertá-lo sobre a singularidade da jovem. Seria quase o oposto de Peixoto, de *Bonitinha, mas ordinária*, que aconselha o protagonista a praticar um ato imoral. Não chega Leleco a adquirir a autonomia de personagem capaz de viver por conta própria, sem a referência ao amigo e confidente.

Familiarizado há longo tempo com o palco, Nelson toma a liberdade de pôr nas mãos de um contra-regra um copo de leite, para que o leve a Oswaldinho e Joice, num bar. E a naturalidade que procura no diálogo o estimula, mais uma vez, a interromper as frases. Tereza afirma que Oswaldinho tem medo do pai, ao que ele retruca: "Medo desse sujeito? Eu? Meu pai que não se. Ou você não me conhece? Um sujeito que." O espectador completa a sugestão da réplica. Os cortes bruscos, as cenas curtas dão flexibilidade à ação, sem que ela perca a necessária consistência.

Como mera curiosidade, cito alguns pormenores, que poderiam ser tema para um desenvolvimento posterior. O pai diz, por exemplo, que Oswaldinho tem dois olhos diferentes (um de ódio e outro de amor), enquanto "seu" Noronha, de *Os sete gatinhos*, chora por um olho só. De passagem, Salim Simão caricatura o dono do jornal, como havia sido feito em *Viúva, porém honesta*: além de nomear e demitir ministro por telefone, esse potentado tinha uma coragem cívica formidável e, todos os dias, apanhava uma surra da mulher. Oswaldinho deixa os americanos esperá-lo na ante-sala: Nelson admitiu haver aí um traço antiimperialista, embora sentisse a maior admiração pelos Estados Unidos. O segundo ato inicia-se com a mesma fala que encerra o primeiro – recurso adotado na composição inteira de *A mulher sem pecado*.

"Exercício envergonhado", *Anti-Nelson Rodrigues* não se inclui entre as obras-primas do autor. Falta-lhe, por certo, o vigor criativo das peças polêmicas. O dramaturgo encontra-se mais sereno, não desejando desafiar ninguém. Pode-se afirmar, por outro lado, que são menores os defeitos. Um permanente humor tempera o risco da melodramaticidade. E desaparece de todo o aspecto folhetinesco, prejudicial ao resultado artístico, nos textos em que faltou a sustentação psicológica de episódios fundamentais.

As personagens Tereza e Gastão testemunham a visão trágica da existência. Para o casal de velhos, não há mais saída. O feroz pessimismo foi dominado, porém, dessa vez, pela promessa de felicidade eterna do casal de jovens. Tudo privilegia, na peça, a fatalização do amor. Oswaldinho diz a Joice que, ao olhá-la, sentiu como se não fosse a primeira vez: "Foi como se eu te conhecesse de vidas passadas". A aventura humana carrega a força mítica, a alentar-lhe os motivos psicológicos. Despida da inverossimilhança das narrativas românticas, a peça *Anti-Nelson Rodrigues* é uma convincente história de amor brasileiro.

A intimidade com o palco e as personagens mistura o trágico e o cômico, o dramático e o humorístico. Nelson parece brincar consigo mesmo, fazendo permanentemente um comentário irônico sobre os seus problemas. Sinto que a peça representava um preparo para a anunciada autobiografia em nove atos – o projeto ambicioso que o dramaturgo, melancolicamente, não chegou a concretizar.

PEÇAS MÍTICAS

ÁLBUM DE FAMÍLIA

Pediram a Nelson Rodrigues que resumisse, para o primeiro número da revista *Dionysos*, publicado pelo Serviço Nacional de Teatro em outubro de 1949, suas idéias e experiências cênicas. Sob o título "Teatro desagradável", o dramaturgo redigiu um depoimento revelador, que sintetiza a imagem pública por ele oferecida, naquela ocasião.

Escreveu Nelson: "Com *Vestido de noiva*, conheci o sucesso; com as peças seguintes, perdi-o, e para sempre. Não há nesta observação nenhum amargor, nenhuma dramaticidade. Há, simplesmente, o reconhecimento de um fato e sua aceitação. Pois a partir de *Álbum de família* – drama que se seguiu a *Vestido de noiva* – enveredei por um caminho que pode me levar a qualquer destino, menos ao êxito. Que caminho será este? Respondo: de um teatro que se poderia chamar assim – "desagradável". Numa palavra, estou fazendo um "teatro desagradável", "peças desagradáveis". No gênero destas, inclui (*sic*, devendo ler-se incluo ou incluí), desde logo, *Álbum de família*, *Anjo negro* e a recente *Senhora dos afogados*. E por que "peças desagradáveis"? Segundo já se disse, porque são obras pestilentas, fétidas, capazes, por si sós, de produzir o tifo e a malária na platéia".

O livro *O reacionário*, editado em 1977, reproduz uma "Confissão" de Nelson, intitulada "Quase enforcaram o autor como ladrão de cavalos". Nela, retomado o tema, o dramaturgo afirmou: "*Álbum de família*, a tragédia que se seguiu a *Vestido de noiva*, inicia meu ciclo do "teatro desagradável". Quando escrevi a última linha, percebi uma outra verdade. As peças se dividem em "interessantes" e "vitais". Giraudoux faz, justamente, textos "interessantes". A melodia de sua prosa é um luminoso disfarce de sua impotência criadora. Ao passo que todas as peças "vitais" pertencem ao "teatro desagradável". A partir de *Álbum de família*, torneime um abominável autor. Por toda parte, só encontrava ex-admiradores. Para a crítica, autor e obra estavam justapostos e eram ambos "casos de polícia".

No artigo "Teatro desagradável", Nelson faz uma inteligente defesa estética de *Álbum de família*, escrito em 1945 e só estreada 22 anos depois, em 29 de julho de 1967, no Teatro Jovem do Rio, por causa da total interdição da Censura (houve uma cuidada montagem do texto, no Teatro Ateneo de Caracas, sob a direção de Martim Gonçalves e com cenários e figurinos de Hélio Eichbauer, que se estreou em 6 de setembro de 1968). O dramaturgo não aceitava as acusações de que "havia incesto demais", "insistência na torpeza", "incapacidade literária", falta de um "diálogo nobre", "morbidez, imoralidade, obscenidade, sacrilégio, etc., etc."

Tenho para mim que as reações contrárias a *Álbum de família* se deveram a um juízo moral e não artístico da obra, e à utilização de cânones e códigos estéticos, aos quais escapavam os desígnios do autor. A ética se pautou por uma atitude primária: o medo, o horror do incesto, como aliás escreveu Pedro Dantas (Prudente de Moraes, neto), no prefácio à edição. Se tivesse havido um esclarecimento didático a propósito das intenções da peça, e não o escândalo jornalístico logo armado, provavelmente seria outro o destino de *Álbum*.

A evolução dramatúrgica de Nelson levava inevitavelmente a esse mergulho na inconsciência primitiva do homem. *A mulher sem pecado* já estava carregada de motivos psicológicos, prestes a romper as barreiras da censura interior. *Vestido de noiva* rasgou o véu da consciência, para dar livre curso às fantasias do subconsciente. Na exploração das verdades profundas do indivíduo, o passo seguinte se dirigiria para o estabelecimento dos arquétipos, dos mitos que se encontram na origem das nossas forças "vitais". A menos que traísse sua vocação autêntica, Nelson teria mesmo que escrever *Álbum de família*.

Álbum de família

Embora situada num tempo definido – de 1º de janeiro de 1900 a 1924 – e num espaço concreto – a fazenda do protagonista Jonas –, a tragédia é atemporal e poderia transcorrer, sem nenhum prejuízo, em outro lugar. Apenas, já se mostram muito sugestivas as indicações fornecidas pelo dramaturgo. O alvorecer do século representa simbolicamente o início da vida. E a fazenda de Jonas fica em S. José de Golgonhas, nome que parece fundir o Gólgota de Cristo e Congonhas, a cidade colonial que ostenta os profetas do Aleijadinho. O diálogo menciona a proximidade de Três Corações e ainda Belo Horizonte, cidade e capital de Minas Gerais, talvez o Estado de mais enraizadas tradições no País. As rubricas remetem, assim, aos símbolos do nascimento e da ancestralidade do mundo.

Como em *Vestido de noiva* e várias outras obras, a realidade tem um papel meramente situativo, importando o desnudamento do universo interior. Na vida social, todos se amoldam uma máscara, que revela e ao mesmo tempo esconde a verdadeira personalidade. Desinteressado de manter qualquer tipo de disfarce, Nelson propôs, em *Álbum de família*, um exercício de autenticidade absoluta. As personagens decidiram abolir a censura – engodo da conveniência que lhes permite o convívio –, para vomitar a sua natureza profunda, avessa a quaisquer padrões.

A peça põe em cena, por isso, personagens como que anteriores à História e à civilização. Desde que aceitas as regras do jogo social, o homem reprimiu anseios e criou tabus. A psicanálise, com Freud, Jung e outros teóricos, desvendou os mecanismos da mente, que explicam muito bem o procedimento de *Álbum*. Nelson, mesmo sem dominar em profundidade as lições psicanalíticas, tinha do assunto aquela informação genérica, acervo de todo cidadão de conhecimento mediano, que autorizava a tratar de incesto e dos laços familiares. Talento intuitivo, ele não recuaria ante os riscos do tema, preferindo emprestar-lhe a sua criatividade pessoal.

Já que o dramaturgo resolvera abolir a censura e desnudar o indivíduo, não encarando o incesto como fenômeno excepcional, mas o impulso mais recôndito da natureza humana, o importante era expor seu ponto de vista por meio da concentração ou, como escreveu ele, "pelo acúmulo, pela abundância, pela massa de elementos". Não espanta, dessa forma, que Edmundo, no último ato, forneça a chave da peça, tantas vezes citada: "Mãe, às vezes eu sinto como se o mundo estivesse vazio, e ninguém mais existisse, a não ser nós, quer dizer você, papai, eu e meus irmãos. Como se a nossa família fosse a única e primeira. (*numa espécie de histeria*) Então, o amor e o ódio teriam de nascer entre nós. (*caindo em si*) Mas não, não!"

Álbum de família tem dois vetores dramáticos – um próximo e outro distante – que desencadeiam a ação. O próximo (constituindo a cena inicial, quase como um prólogo) é a relação lésbica de Glória, de 15 anos, filha de Jonas e D. Senhorinha, com a menina Teresa, no dormitório do internato em que elas estudam e vivem. Descoberta a relação, ambas são expulsas, e a volta de Glória para casa, como em tantas voltas de protagonistas em obras famosas (*Agamenon* e *Hamlet*, por exemplo), precipitam os acontecimentos.

O vetor distante, que se conhecerá no correr dos episódios, é a ligação incestuosa de Senhorinha com seu filho Nonô. Essa ligação produz, de imediato, dois efeitos decisivos, que carregam de dramaticidade a trama: após o contato amoroso com a mãe, Nonô enlouquece, e, nu, ronda a casa paterna, aos gritos e uivos; e, tendo Jonas visto um homem sair de seu quarto, sem identificá-lo, autorizou-se uma vingança permanente de Senhorinha, com o defloramento, em sua própria casa, de meninas de 12 a 16 anos.

A escolha das meninas, evidentemente, substitui a posse almejada da filha Glória, levada ao colégio interno. Durante os três atos, ouvem-se os gritos, fora de cena mas num quarto da casa, de uma menina grávida (Totinha), que morrerá nas dores do parto, antes que chegue socorro médico. Fala-se que outra, muda e estrábica, foi pisoteada no ventre por Guilherme, também filho de Jonas e Senhorinha. O próprio Jonas narra que, uma vez, morreu uma de 15 anos. O "enterro passou no meio do campo de futebol, o jogo parou... Eu vi essa menina no caixão – era parecida com minha filha. Cada menina tem alguma coisa de Glória, mas é preciso que não seja larga de cadeiras..." Logo no início da peça, um avô, de barbas bíblicas, oferece a neta a Jonas – uma "moça de beleza selvagem". Não bastasse o implícito incesto em todas as suas ligações, Jonas confessa a Senhorinha que, quando Glória começou a crescer, "para mim passou a existir só meninas no mundo". Como um sátiro, ele se aproxima da mulher, pela semelhança que identifica nela com a filha e para que lhe nasça outra. Mas Jonas descobre a inutilidade de tudo: "(meio obscuro) – Minha filha morreu. (*lento*) PARA MIM ACABOU-SE O DESEJO NO MUNDO!"

Guilherme, o filho mais velho do casal, transfere o impulso incestuoso da mãe para a irmã Glória. Conduzido ao seminário pelo misticismo, não se apaziguaram ali suas contradições. Por isso, ele o deixa e é quem traz a notícia da expulsão de Glória do internato. Guilherme opõe-se radicalmente ao pai e não deseja que a irmã viva na casa: Jonas emporcalha tudo e não pode aproximar-se nem da própria filha. Ele, sim, teria condições de viver com a irmã – no seminário, fez um ferimento mutilante. Depois do acidente voluntário (subentende-se castração), Guilherme é outro, "como se não pertencesse à nossa família".

No interior da igrejinha local, Guilherme dialoga com a irmã, ensopada da chuva (o que propicia a sensualidade da veste colada ao corpo). Quis ser padre e renunciar ao mundo – confessa – por causa dela. Ou a levaria para um lugar lindo ou, segundo propõe, os dois se atirariam entre vagões. Recusadas suas idéias, Guilherme atira em Glória, para que a irmã não pertença nunca ao pai. E, depois, sem que se diga explicitamente, conclui-se que ele se matou, jogando-se sozinho entre os vagões de um trem.

A trajetória de Edmundo tem a mesma tragicidade essencial. O antagonismo ao pai provocou sua expulsão de casa. Ao separar-se da mulher Heloísa, Edmundo retorna a ela, aguçando os conflitos. Jonas diz que o filho, como ele, pensa em mulher, dia e noite, para ouvir a réplica: "Penso NUMA MULHER, o que é muito diferente!" Essa mulher, evidentemente, não é a esposa. No último ato, Edmundo deixa claro seu problema, ao dizer à mãe: "Eu acho que o homem não devia sair nunca do útero materno. Devia ficar lá, toda a vida, encolhidinho, de cabeça para baixo, ou para cima, de nádega, não sei". Ajoelha-se aos pés de Senhorinha e completa: "O céu, não depois da morte; o céu, antes do nascimento – foi teu útero..." A expulsão do útero materno equivaleria à expulsão do paraíso, importando a vida em degredo.

Senhorinha acaba por confessar ao marido, no desfecho, que Edmundo se matou na frente dela, ao saber de sua ligação com Nonô. Em cena anterior, Senhorinha ouve de Heloísa, sua nora, que o filho, em três anos de casamento, nunca tocou nela: "Quando queria e me procurava, a lembrança da "outra" IMPEDIA!" Heloísa diz que o marido lhe confiou o segredo e, finalmente, calcula que ele achava a mãe muito parecida com Nossa Senhora. A imagem materna paralisava Edmundo diante de qualquer outra mulher.

Em pólo diverso, Glória odiava Senhorinha, no que era plenamente correspondida, conforme ambas externam. Na cena com Teresa, Glória tem uma atitude passiva, sugerindo ser de natureza diferente o seu empenho. A inclinação pelo pai fica patente em todas as circunstâncias. Ao invés do retrato de Nosso Senhor, na igrejinha, "o que se vê é o rosto cruel e bestial de Jonas", em tamanho desprorporcionado. O dramaturgo esclarece, em nota, que "o quadro, assim grande, corresponde às condições psicológicas de Glória". O recurso, de nítido cunho expressionista, é abandonado, quando na igrejinha estão os esquifes de Glória e Edmundo. Uma rubrica informa que o quadro de Jesus ficou reduzido às suas verdadeiras proporções. O desejo incestuoso de Glória é expresso quando ela diz a Edmundo, a propósito de Teresa: "... toda vez que a gente se beijava, eu fechava os olhos e via direitinho a fisionomia de papai". E como naquela imagem "cruel e bestial", do falso quadro de Jesus.

Senhorinha é prima do marido Jonas, o que sugere estar implicada, de princípio, no círculo familiar. A mãe a discriminava, contra a feiúra da irmã Rute, tendo uma "admiração indecente por sua beleza". Todos os homens, no dizer de Rute, se aproximam de Senhorinha, "pensando nela PARA OUTRAS COISAS!" Mas esse êxito social importa numa verdadeira maldição. Quando Glória nasceu, ela teve o pressentimento de que a filha seria sua inimiga. Tachada de fria pelo marido, Senhorinha concorda, com indisfarçável orgulho. Certa vez, ela quase afogou Glória na Lagoinha e não esconde ter dado graças a Deus, quando a filha morreu.

Senhorinha reassume a serenidade clássica, para dizer que, além de não suportar mais Jonas, tem nojo dele, como aliás de todos os homens. Aceita matá-lo, para entregar-se à única realidade do incesto – o encontro definitivo com o filho louco Nonô.

Além do núcleo de pais e filhos, *Álbum de família* tem umas poucas personagens secundárias, recrutadas para o maior relevo do conflito central. A mais significativa delas é Tia Rute, irmã de D. Senhorinha, "solteira, tipo da mulher sem o menor encanto sexual". Rute, uma das tias da imensa galeria rodriguiana assim qualificadas, define-se, de imediato, por contraste à irmã. Enquanto toda mulher teve ao menos um homem que a desejasse, Rute nunca despertou o apetite masculino. Apenas Jonas, certa vez, estando bêbado, a encarou como mulher. O que bastou para Rute nutrir por ele um eterno amor grato, enriquecendo a obsessão do dramaturgo de colocar em cena duas irmãs envolvidas com o mesmo homem (outra forma de incesto...). Como Rute não podia desejar Jonas para si, realizava-se conseguindo para ele as meninas. Gesto em que extravasava também o ressentimento pela irmã.

Teresa participa unicamente da cena inicial, exigindo de Glória um juramento de fidelidade até a morte. Temperamento passional, só admite que ambas morram ao mesmo tempo e sejam enterradas no mesmo caixão. Já Heloísa figura na peça, a chamado de Senhorinha, para que se completem as informações a respeito de Edmundo. A visão do marido morto não a abranda. Intocada por ele, Heloísa afirma que não sofreu com a sua perda: "Senti muito mais a morte desse homem, desse desconhecido que caiu debaixo do trem!" Quanto ao avô que oferece a neta a Jonas, Nelson não o poupa. O patriarca, além das barbas bíblicas, apóia-se num bastão, por ter uma das pernas enroladas em pano, "em virtude de uma aparente elefantíase. Sua linguagem é a única popular: "Me arresponsabilizo", "o calcanhar postemou". Depois de servir-se da neta, Jonas o expulsa, chamando-o "velho safado".

Há o fotógrafo, incumbido de documentar os momentos expressivos para o "álbum de família". Ouve-se várias vezes, também, a voz do *speaker*, que o dramaturgo caracteriza como uma espécie de Opinião Pública. Coerente com a sua imagem do que seja a Opinião Pública, do que está de fora e julga pelas aparências, Nelson observa, na rubrica inicial, que o "*speaker*, além do mau gosto hediondo dos comentários, prima por oferecer informações erradas sobre a família". São sete as páginas do "álbum", sempre glosadas pelo *speaker* – e, pelo teor das falas, introduzem-se os únicos intermédios cômicos em toda a pesada tragédia. Com o objetivo de tirar o máximo rendimento plástico, Nelson faz ainda que quatro negros, portando tochas, levem o esquife de Edmundo. Têm eles pés grandes e estão nus da cintura para cima, com as calças arregaçadas até o meio das pernas. É óbvio que, se necessária a economia de atores, tanto esses negros como o avô e o fotógrafo, bem como a neta de beleza selvagem, que apenas passa pelo palco, poderiam ser retirados do rol de personagens.

Feito o cômputo geral do "álbum de família", verifica-se que os desfechos se resumem normalmente a crimes e suicídios. Guilherme assassina Glória e suicida-se. Edmundo mata-se diante da mãe. D. Senhorinha suprime Jonas. Ao todo, quatro mortes. Os sobreviventes? Senhorinha, depois de atirar no marido, parte ao encontro de Nonô, o possesso. Embora a rubrica mencione que ela "se incorpora a uma vida nova", sabe-se que não há futuro nessa fuga. Prevalece, sem dúvida, a oração fúnebre, pronunciada por um coro ao baixar o pano.

Qual a lição desse "álbum"? É temerário avançar uma opinião. Numa réplica aparentemente fora do diálogo, D. Senhorinha havia dito: "Acho que o amor com uma pessoa louca – é o único puro!" Atendendo ao que lhe soava como um chamado de Nonô, Senhorinha corre para ele no campo, numa catarse de todas as impurezas. Mas não se pode ver nesse desfecho uma solução para os problemas humanos. Nelson sugere, ao contrário, que o incesto se torna sinônimo de morte. Concretizasse o homem os instintos naturais, a morte seria a inevitabilidade imediata. Provavelmente a História e a Civilização traem a inteireza dos impulsos autênticos, disfarçados, transferidos ou sublimados em outros valores. Mas são esses valores que propiciam a continuidade da vida. Se correto esse raciocínio, *Álbum de família* deixaria de ser a tragédia que assustou os bem pensantes, para testemunhar o moralismo congênito do dramaturgo.

No mundo mítico instaurado, não há muito lugar para os compromissos com a realidade. Mencionam-se as várias mortes das meninas engravidadas por Jonas. Nenhuma trouxe uma conseqüência, um simples pedido de esclarecimento policial. Com o jornalista Teotônio, ocorreu algo mais grave. Surpreendida em seu quarto com um homem que fugiu, Senhorinha, para poupar o filho Nonô, mentiu que fora adúltera com Teotônio, redator-chefe do *Arauto de Golgonhas*, dono de uma corcunda tachada de artificial. Entretanto, a peça não dá notícia de inquérito policial, nem da menor providência para que se desvencilhassem do cadáver. Está-se como num estádio anterior à Lei. Nesse assassínio de pessoa trocada, não estaria Nelson transpondo para o palco, também, o crime que vitimou seu irmão Roberto?

Num contraste irônico e irreal com a tragédia de Jonas, o *speaker* dá conta de episódios circunstanciais, comentando seu último retrato, em julho de 1924. Na véspera, ele telegrafara ao então presidente Arthur Bernardes, para condenar como reprovável e impatriótica a revolução de São Paulo. Jonas é considerado um varão de Plutarco. E a perda de três filhos e sua morte ("enforcou-se numa bandeira de porta" ou foi assassinado pela mulher) se deram quando se cogitava de elegê-lo para o Senado Federal...

Configuram-se, com nitidez, certas obsessões do dramaturgo. Além das já referidas, lembrem-se as menções ao suor, com vários significados. Num claro eco dostoievskiano, freqüentemente detectável na obra de Nelson, Edmundo afirma: "Seria tudo melhor se em cada família alguém matasse o pai!" Retomando um conceito expendido por Olegário em *A mulher sem pecado*, segundo o qual "conhecer o amor, mesmo do próprio marido, é uma maldição. E aquela que tem a experiência do amor devia ser arrastada pelos cabelos", Guilherme fala que nem a mãe pode tomar conta da irmã: "É uma mulher casada, conhece o amor – não é pura". E acrescenta: "Fazes bem em humilhar mamãe. Ela precisa EXPIAR, porque desejou o amor, casou-se. E a mulher que amou uma vez – marido ou não – não deveria sair nunca do quarto. Deveria ficar lá, como num túmulo. Fosse ou não fosse casada". Jonas retoma o tema: "Quando se ama deve-se possuir e matar a mulher. Guilherme tinha razão: a mulher não deve sair viva do quarto; nem a mulher – nem o homem".

Álbum distingue-se como uma das obras mais ousadas e ambiciosas de Nelson. Ele já precisaria ter total convicção a propósito dos próprios méritos e do papel inovador representado por *Vestido de noiva*, para lançar-se a uma aventura tão perigosa. Num panorama cênico ainda dominado por comédias de pequeno alcance, era natural que a peça despertasse grande celeuma e não fosse aceita por uma crítica inspirada nos modelos do bom gosto. A radicalidade de *Álbum de família* desafiava os mais abertos juízos. Compreensível que impedissem a entrada do texto no paraíso literário.

É fácil imaginar as vicissitudes da obra, quando se pensa nos problemas que suscita sua montagem. Qual o tom correto para encená-la? O equilíbrio majestático da tragédia ou o excesso derramado do *grand-guignol*? Como evitar o riso, em face de tamanho morticínio? Não será sem propósito lembrar o banho de sangue de *Titus Andronicus*, de Shakespeare. Argumente-se que Nelson substituiu a sustentação psicológica habitual pelo mergulho nos arquétipos. A falta de cerimônia com a qual o incesto é tratado deve provocar rejeição das sensibilidades menos afoitas ao exercício de autoconhecimento sincero. O horror de admitir o incesto estimula o horror pela própria peça.

Só pelas questões que levanta, *Álbum de família* tem um lugar privilegiado em nossa dramaturgia. Que leitores e público precisam reconhecer.

ANJO NEGRO

Não é apenas por ser a segunda peça "desagradável" que *Anjo negro* tem parentesco perceptível com *Álbum de família*, texto inaugural do novo filão: insistindo no seu procedimento muito peculiar de ver situações e personagens sob vários ângulos, Nelson Rodrigues faz que as semelhanças saltem além das aparências.

Anjo negro, escrita em 1946, um ano depois de *Álbum*, sofreu também interdição da Censura, levantada para que pudesse estrear em 2 de abril de 1948, no Teatro Fênix do Rio, numa produção de Sandro Polloni, núcleo do futuro Teatro Popular de Arte (Cia. Maria Della Costa), dirigida por Ziembinski. A crítica teatral e literária, trabalhada pelos conceitos de ética, dividiu-se apaixonadamente, com as defesas irrestritas e as condenações inapeláveis. O dramaturgo, ao lado dos elogios rasgados, como o de Menotti del Picchia, que viu na tragédia um "clímax esquiliano", já enfrentava os qualificativos, entre outros, de sórdido e obsceno.

Em *Álbum de família*, havia o envolvimento amoroso de Senhorinha com os filhos homens e o ódio pela única filha. Virgínia, a protagonista feminina de *Anjo negro*, confessa igual sentimento pela filha Ana Maria, mas assassina um a um os três filhos homens, ainda crianças. Por que a diferença de comportamento?

A razão, contrariando as expectativas a propósito da maternidade, é muito simples: introduziu-se na relação familiar outro elemento – a cor –, móvel do repúdio de Virgínia. Casada com o negro Ismael, os filhos não são brancos, tornando-se portanto condenados. Virgínia não deseja prolongar-se na mestiçagem. Nelson enfrenta pela primeira vez, em sua dramaturgia, o problema racial, que no Brasil existe sempre velado. Mais uma forma de desmascaramento utilizada por um teatro que se compraz, como na recomendação de Antonin Artaud, em "abrir coletivamente os abcessos".

A questão está tratada sem simplismo. Virgínia, por certo, encarna um preconceito, mas em que há uma forte atração. E o negro Ismael vive até o paroxismo o complexo da própria cor, dentro de uma sociedade dominada pelo branco. Ele testemunhou, escondido, os crimes da mulher. Disse não tê-los impedido ou denunciando, porque eles "nos uniam ainda mais; e porque meu desejo é maior depois que te sei assassina". Ismael talvez não tivesse consciência de que delegava aos crimes de Virgínia o equivalente ao seu suicídio, por recusar a continuidade da espécie.

Nelson cercou os episódios de um clima trágico, armando-os com a força da fatalidade. À semelhança de ciclos gregos, em que a maldição atinge a descendência, a mãe de Ismael o amaldiçoa, porque ele repudiou a própria cor. Elias, o irmão branco (de criação) de Ismael, portador da notícia e da tragédia que será especificamente desenvolvida na peça, diz a Virgínia sobre o marido: "Ninguém pode gostar dele... Desde menino, ele tem vergonha; vergonha, não: ódio da própria cor. Um homem assim é maldito. A gente deve ser o que é. Acho até que o leproso não deve renegar a própria lepra". Conta Elias que Ismael desapareceu de casa, depois de ter falado à mãe: "Sou negro por tua causa!"

Apesar da patente sensualidade, Ismael nunca se aproximou das mulheres de sua raça. Não tomava cachaça, por considerá-la bebida de negro. Tirou da parede o quadro de São Jorge, por ser "santo de preto". Trocou propositadamente os remédios, para cegar Elias – vingança impune contra a origem do irmão de criação (Elias explica a Virgínia que seu pai era italiano e, depois que sua mãe morreu, ele se juntou com a mãe de Ismael). Procurou Ismael a ascensão social por intermédio do êxito como médico e, enriquecido, deixou de clinicar, fechando-se na casa com a mulher branca e só permitindo ali a entrada de homens negros. No decorrer do espetáculo, Ismael usa apenas "um terno branco, de panamá, engomadíssimo, sapatos de verniz".

A casa, aliás, foge a todas as caracterizações realistas, e o cenário adquire um valor simbólico (no programa do espetáculo, indica-se que "a ação se passa em qualquer tempo, em qualquer lugar"). A primeira rubrica informa que não há teto, "para que a noite possa entrar e possuir os moradores. Ao fundo, grandes muros que crescem à medida que aumenta a solidão do negro". No terceiro ato, que transcorre dezesseis anos depois dos anteriores, à maneira de epílogo, o autor observa que "nunca mais fez sol" e "não há dia para Ismael e sua família. Pesa sobre a casa uma noite incessante. Parece uma maldição".

Cabe perguntar por que Ismael e Virgínia se casaram. Nos antecedentes da história, Nelson mostra-se, mais uma vez, fiel ao seu universo particular. A órfã Virgínia, vivendo com a tia, roubou o namorado de uma prima, que se enforca ao surpreender a cena amorosa. A tia, por vingança, entrega Virgínia ao negro Ismael. Ele a viola e adquire a casa, e o quarto de solteira permanece intacto, com os vestígios da violência cometida oito anos atrás. Não obstante o casamento, Virgínia sente-se violada todas as noites por Ismael.

Aqui não são irmãs, mas primas, envolvidas com o mesmo homem, como aconteceu em *Vestido de noiva* e *Álbum de família*, e se repetirá em outras obras. E há sempre uma conotação trágica nessa sutil relação incestuosa. Em *Anjo negro*, a prima suicida-se e a tia amaldiçoa Virgínia, condenando-a a Ismael e invocando a filha morta, para descansar no seu leito de trevas, ao supor erroneamente que a sobrinha foi assassinada.

A peça estende esse relacionamento ambíguo aos homens. Os irmãos (embora de criação) Ismael e Elias apaixonam-se por Virgínia e a fecundam. Virgínia aguardava de Elias um filho branco, mas, ironicamente, nasce Ana Maria, que só aparece como personagem no terceiro ato, quando já havia completado quinze anos e é uma jovem linda.

Não se necessita nenhum esforço para imaginar que Ismael transfere para a enteada o sentimento que votava a Virgínia e se rompeu, quando ela o traiu com Elias. Se o negro já havia cortados todos os vínculos da mulher com o mundo exterior, para que desaparecesse de sua mente a imagem do homem branco, a suposta inferioridade o leva a isolar Ana Maria desde cedo. Cega-a também, como já fizera com Elias, mas para que a enteada o retenha na memória como o único homem branco. Sendo norma, no universo rodriguiano, a oposição mãe-filha, nada mais natural que Ana Maria se inclinasse por Ismael, seu pai presumido. E ela própria confirma o incesto, ao confessar-se mulher.

A concentração nesse núcleo familiar não abole a existência de outras personagens, que, na verdade, funcionam mais como ponto de apoio, para ressaltar os protagonistas. Ainda no âmbito da família, figuram no texto a tia e as primas solteironas, presentes na casa apenas ao nascerem e ao morrerem as crianças. A tia descobre a traição de Virgínia e a denuncia ao marido, com prazer. Nelson não foge de um certo mistério ao colocar em cena as quatro primas. (Virgínia menciona que a tia teve cinco filhas, das quais uma se matou. Portanto, devem entrar em cena quatro primas, e o programa do espetáculo menciona, efetivamente, quatro intérpretes. Mas uma rubrica do final do primeiro ato informa que aparecem no jardim quatro mulheres, presumivelmente a tia e as primas de Virgínia. Por essa indicação, seriam três e não quatro primas.) Uma dessas primas denota incontrolável angústia sexual, ao assumir uma série de atitudes eróticas. Provavelmente ela, já que o autor não as distingue por um nome, é violada junto a uma fonte por um homem de seis dedos, para sugerir os aspectos não naturais e obscuros do sexo. E, diante dos gritos dela, o homem termina por assassiná-la.

A criada Hortênsia aparece num cena curta, para abrir a porta do quarto em que Ismael trancou Virgínia. Nelson não perde muito tempo para justificar o abuso de confiança dessa criada. Virgínia alega ter ajudado a filha dela, depois de um mau passo, a abandonar a prostituição. E não se constrange em suborná-la com dinheiro, para que se propicie seu encontro com Elias.

Quatro negros, além de serem os coveiros da criança morta, revelam em poucas falas uma certa familiaridade com os hábitos da casa. Não chegam propriamente a constituir um coro, porque sua intervenção é episódica e quase de efeito plástico. Eles retornam, no terceiro ato, "nus da cintura para cima, calças arregaçadas sobre o joelho, chapéu de palha, charuto na boca evocando situação semelhante de *Álbum de família*, em que quatro negros transportam o esquife de Edmundo). A rubrica acrescenta que eles falam com acento nortista, "mas os gritos lembram certos pretos do Mississípi que aparecem no cinema". A justificativa de seu retorno ao palco: os negros carregam num lençol o cadáver da prima violada e morta.

As pretas desçalcas, como indica o autor, é que formam um coro. Embora Nelson já utilizasse figuras episódicas, em *Vestido de noiva*, para comentar a ação dos protagonistas, apenas *Anjo negro* traz de volta o antigo coro, revalorizado modernamente, na dramaturgia com a qual ele tinha afinidade, por um Eugene O' Neill. Entre outras funções, esse coro enuncia o ponto de vista dos que estão fora da tragédia, contrasta, pela simplicidade de suas vidas, com a existência tempestuosa dos protagonistas, presta informações úteis à trama e provoca um relaxamento em face da ação principal.

As senhoras negras abrem o primeiro e o segundo quadros do primeiro ato. Não aparecem no segundo ato, quando a ação se concentra nos protagonistas. Iniciam de novo o primeiro quadro do terceiro ato, dezesseis anos depois. E terminam o segundo quadro do terceiro ato, encerrando o texto. Nelson emprestou até uma certa simetria a essas aparições, concluídas sempre pelo murmúrio de preces. Só, no final, o coro negro coloca-se ao longo da cama em que Virgínia e Ismael vão conceber um novo filho, impedindo que a platéia os veja. Uma senhora faz um vaticínio, comum na tragédia: "Futuro anjo negro que morrerá como os outros!" Outra senhora, com voz de contralto, interpela o casal: "Vosso amor, vosso ódio não têm fim neste mundo!" A atração e o repúdio de Ismael e Virgínia têm o estigma da perenidade.

O mecanismo do preconceito deflagra o complexo, que amesquinha o negro para si mesmo. De outra forma não se entenderia que uma senhora do coro afirmasse que tem medo de preto. Outra denuncia o mais terrível preconceito, ao exclamar: "Mulher branca, de útero negro!" Um dos quatro negros, ao confirmar que o médico Ismael é preto, faz a ressalva: "Mas de muita competência!" De outra feita, menciona-se sobre Ismael: "Preto, mas muito distinto". Virgínia chama a criada de "Negra ordinária, preta!", para depois observar: "Eu achava – ouviu? – que uma preta devia sofrer mais que as outras, devia ser mais humilhada. Não sei, talvez porque fosse preta, eu achava que uma moça de cor na vida é mais profanada do que uma branca". Virgínia conta a Elias que a transpiração do marido "está por toda parte, apodrecendo nas paredes, no ar, nos lençóis, na cama, nos travesseiros, até na minha pele, nos meus seios. E nos meus cabelos, meu Deus!" Ela não poderia fugir, como lhe propõe Elias, porque a transpiração de Ismael não a largaria: "está entranhada na minha carne, na minha alma. Nunca poderei me libertar! Nem a morte seria uma fuga!" O delírio da falta de auto-estima obrigou Ismael a ensinar a Ana Maria que ele era o único branco, num mundo de negros, levando-a a odiá-los, como se tivesse noção de cor. Na sua ambigüidade, facilmente explicável, uma senhora negra diz, referindo-se a Virgínia: "Malditas as brancas que desprezam preto!" Ismael finalmente reconhece, diante da própria tragédia, que está pagando o ódio de ser negro. É um verdadeiro castigo, porque desprezou, "e não devia, o meu suor de preto... Só desejei o ventre das mulheres brancas... Odiei minha mãe, porque nasci de cor..."

Além do tema central, *Anjo negro* contém diversas sugestões, apenas indicadas, talvez como simples apontamento, para uma reflexão posterior. Ao marido, Virgínia confessa que se entregou sem nenhuma culpa a Elias. Não sabia, "não podia imaginar que existisse amor inocente". Entretanto, chegara antes a expulsar Elias, não desejando vê-lo nunca mais. Desafiou o cego, ao admitir que foi dele, mas estava fria, de gelo. Pura simulação a loucura que demonstrou no amor. A revelação fica no ar, para ser compreendida mais tarde, embora a rubrica registre que Virgínia perde a cabeça, numa incoerência absoluta. Ela fala a Ismael que Elias só sabe amar como ele, "como qualquer outro – fazendo da mulher uma prostituta..." Insinua-se, assim, que a repulsa ao marido não vem da cor, mas da forma que ele tem de amá-la, numa violação permanente. Essa violação seria o germe do ódio e, ao repelir Ismael, Virgínia nega também os filhos – Medéia que, ao cortar o vínculo com o marido, destrói a prole.

A ambigüidade dos sentimentos se mantém até o desfecho. Virgínia afirma para Ismael ter sentido finalmente que o amava.

Ainda uma mentira, por que ele a havia expulso de casa? Ou o reconhecimento de uma atração fincada na infância? Ela revela que, na primeira noite, quando ele tapou sua boca, teve a lembrança de quatro pretos, vistos no Norte, aos cinco anos de idade. Eles carregavam piano, no meio da rua, e cantavam: "Hoje creio que foi esse o meu primeiro desejo, o primeiro". Ismael pergunta se é essa a única imagem que liga Virgínia a ele, ouvindo a resposta: "Mas isto é tudo! É tanta coisa! Não sentes que esses carregadores já eram um aviso? (*baixa a voz, mística*) aviso de Deus, anunciando que eu seria tua? (*num transporte*). Se soubesse que a única coisa que me ficou da infância é isso, são esses homens". Virgínia procura convencer que estava fatalizada para Ismael, realidade muito superior a todos os conflitos que os separavam.

A princípio, Ismael assegura que matará o filho de Virgínia e Elias. Os pais não sofrerão nada, mas o menino, que ainda não é carne, já está condenado. Cabe-lhe o direito de afogar a criança, vingando o assassínio de seus filhos. Admite Ismael que, se tivesse sido apenas um desejo de Virgínia por Elias, poderia perdoar ou esquecer. Mas o ciúme o leva a pensar que a mulher nunca apagará a imagem do cego. E, numa incoerência com o que havia dito anteriormente, Ismael fala que, em face da fuga de Elias, pagará o filho dele. Mas Elias ainda se encontrava na casa e Ismael, que desejava ver "que homem é esse, que ama como um anjo, cujo desejo não é triste, nem vil…", dispara nele sem apelo.

Fosse homem o filho de Elias e Virgínia, estaria certamente sacrificado. Quis o destino, porém, que nascesse mulher, e assim nenhum enterro saiu mais daquela casa: a mãe não mataria uma filha branca e Ismael se relacionaria em outros termos com a enteada. O importante, agora, era examinar a presença da adolescente no grupo familiar, e por isso Nelson fez que o último ato se passasse dezesseis anos depois dos anteriores. Não foi observada unidade de tempo, como nas tragédias clássicas, de construção rigorosa, mas esse verdadeiro epílogo se impunha, para completar a história. Sem o desfecho imaginado pelo dramaturgo, a peça não teria o mesmo impacto.

Várias soluções sugeriria a divisão de Ismael entre Virgínia e Ana Maria. Ou se inclinaria em definitivo para a adolescente, como castigo da infidelidade da mulher. Ou manteria relacionamento com ambas, para satisfação de desejos mórbidos. Ou simplesmente se decidiria pela antiga paixão votada a Virgínia, relegando a segundo plano a enteada. Qualquer desses desfechos, contudo, apequenaria a grandeza de *Anjo negro*.

Nelson Rodrigues optou pela solução poética. O cenário do último quadro se acresce, no primeiro plano, de "um estranho túmulo, transparente, feito de vidro, numa bem sensível analogia com o caixão de Branca de Neve". Ismael informa a Virgínia que o túmulo se destina a ele e Ana Maria. Há mais tempo, pensava num lugar que pudesse esconder-se com a mulher, longe do alcance do desejo dos brancos. Mas, agora, ele se encerraria, fora do mundo, com a adolescente. No diálogo esclarecedor com Virgínia, Ismael acaba por admitir que está baseado no equívoco o relacionamento com Ana Maria – ela não sabe que ele é um "negro hediondo", como uma vez o chamaram: "Não é a mim que ela ama, mas a um branco maldito que nunca existiu!"

O "reconhecimento" determina a mudança de atitude de Ismael. Sub-repticiamente, Virgínia o conduz a trancar a filha, sozinha, no mausoléu. Num sinal evidente que se trata de decisão dos dois, Virgínia fecha uma metade e Ismael a outra metade da porta. Do interior, Ana Maria grita, ou se supõe que grite, porque não se ouve nada. Consumou-se, assim, o sacrifício de Ana Maria – não afogada ou envenenada, mas encerrada para sempre num túmulo transparente, qual Branca de Neve. Presença eterna, como o dramaturgo pretendeu simbolizar.

Ao chamar Ismael, Virgínia afirma que "nosso quarto também é apertado como um túmulo". Uma das senhoras pretas do coro logo anuncia que no ventre de Virgínia já existe um novo filho. Outra pressagia que o futuro "anjo negro" morrerá, à semelhança dos irmãos. O coro, na tragédia, tem em geral a função de antecipar uma verdade, supondo-se, portanto, que Virgínia matará sua descendência (a rubrica inicial informa que sua "função é, por vezes, profética; têm sempre tristíssimos presságios"). Nesse novo "álbum de família", restaria sempre o primitivo casal.

O dramaturgo, contudo, não encerra nessa única sugestão o relacionamento de amor e ódio. Antes, Ismael disse ter certeza de que Virgínia não o amava: "Primeiro, precisas amar um filho meu... Um filho preto... Depois, então, sim, amarás o marido preto..." Afinal, Ismael optou pela mulher. E ela, por tudo que se indicou, está indissoluvelmente ligada ao marido. Esse novo filho negro, dezesseis anos depois da morte do último, e consumado o sacrifício de Ana Maria, poderia significar a redenção do casal.

Evidentemente, por todas as implicações, não esclarecidas ao nível de uma só leitura, *Anjo negro* deve ser considerada uma peça hermética. Em nenhuma hipótese cabe pensar que ela arregimenta motivos racionais para discutir o problema racial, o amor/ódio e a continuidade da espécie. Não é do feitio do dramaturgo analisar argumentos, para que se prove alguma coisa.

O mergulho poético traz à tona, de forma perturbadora, os temas muitas vezes adormecidos no inconsciente. Por meio da linguagem, do lirismo do cego, das paixões desencadeadas e de outros estímulos, Nelson revolve o universo profundo do espectador, chamando-o para a consciência de seus mitos ancestrais. Mesmo que a civilização, por conveniência, atenue na indiferença o comportamento dos indivíduos, é muito revigorante essa sacudidura nas verdades primitivas. A emoção – e não apenas a razão – permite que o homem se conheça melhor.

SENHORA DOS AFOGADOS

Não me lembro em que circunstância, reli há muitos anos *Senhora dos afogados* e, de repente, saltou para mim o seu vínculo com *Mourning becomes Electra* (*O luto assenta a Electra* ou *Electra e os fantasmas*, título do volume português, ou ainda *Electra enlutada*, nome da tradução brasileira), a bela trilogia de Eugene O'Neill. Encontrei-me logo depois com Nelson Rodrigues e quis saber por que ele não revelara ter feito uma paráfrase da obra norte-americana. Nelson achou muita graça e disse do seu espanto ao passar despercebida a semelhança, quando das primeiras leituras dos amigos e na estréia do espetáculo, no Teatro Municipal do Rio, em 9 de junho de 1954. Observar tão proposital evidência, segundo o dramaturgo, era tarefa do crítico e não dele.

Na verdade, ocorreu-me o parentesco das duas criações por um pormenor quase insignificante, que talvez eu nem registrasse, se não tivesse relido quase simultaneamente a *Electra* de O'Neill. A trilogia norte-americana passa-se em treze atos, dentro da mansão dos Mannon ou no seu exterior, com exceção de um só, na popa de um navio, onde se consuma uma vingança. A ação de *Senhora dos Afogados*, em três atos e seis quadros, transcorre na casa da família Drummond, menos num quadro, transposto para o café do cais, onde se pratica ajuste de contas semelhante. A quebra da unidade do cenário, para fins idênticos, sugeriu que se tratava de paráfrase.

Acredito hoje que a admiração que Nelson nutria por O'Neill serviu de estímulo inicial para empreender a ambiciosa tarefa de *Senhora*. Por honestidade intelectual, ao invés de repelir o parentesco apontado, ele preferiu assumi-lo, como elemento óbvio. Porque a peça brasileira parte para uma realização autônoma, em que as referências ao mito grego original se acham tão contaminadas por outros valores que o modelo se dilui. Já o dramaturgo norte-americano acompanhou, passo a passo, a *Oréstia*, trilogia de Ésquilo, para só no final acrescentar-lhe a sua exegese.

O intento primeiro de O'Neill, exposto no diário que acompanhou a preparação e a fatura de *Mourning becomes Electra*, era o de escrever um drama psicológico moderno, utilizando uma das lendas da tragédia grega. Afastou ele o tema de Medéia, para fixar-se no de Electra e sua família, que lhe pareceu de maior interesse psicológico e pelas "inter-relações humanas mais completas, intensas e fundamentais", aliás já ressaltadas por Freud. A sucessão de crimes na família dos Átridas talvez obedecesse a leis que regem a natureza humana, e que valeria a pena investigar. O'Neill se perguntou: "Seria possível fazer em tal peça uma aproximação psicológica moderna do sentido grego de destino, que um público inteligente de hoje, sem crença em deuses ou em recompensas sobrenaturais, aceitasse e sentisse? Tenha ou não O'Neill encontrado uma equivalência atual para a força mítica da tragédia grega, não contentaria Nelson refazer pura e simplesmente o seu caminho.

Tanto para Ésquilo como para O'Neill era fundamental a primeira parte da trilogia – *Agamenon* ou *A volta ao lar*, que termina com o sacrifício do herói pela esposa adúltera (respectivamente Clitemnestra e Christine), ao retornar vitorioso da guerra de Tróia e da guerra de Secessão nos Estados Unidos. A maldição familiar reaparece nesse primeiro crime praticado na história à qual assiste o espectador, e que justificará os assassínios seguintes da trilogia, até o desfecho. Em Ésquilo, para que se celebre a criação do Tribunal do Areópago, que absolverá Orestes da morte da mãe e de seu amante Egisto, liberando-o da fatalidade de se tornar vítima de nova vingança, e possibilitando-lhe reinar como homem livre. Os fantasmas de O'Neill pertencem ao universo da culpabilidade cristã e Orin (Orestes), que matou Adan Brant, o amante da mãe Christine, e a induziu a matar-se, se purga do crime com o suicídio.

Nelson tem seu próprio mundo e se desliga da idéia de cadeia ancestral de crimes, concentrando-se nas gerações dos Drummond que aparecem em cena. Se em O'Neill todos os nomes denunciavam vinculação eufônica aos da lenda grega (Ezra Mannon/Agamenon, Christine/Clitemnestra, Orin/Orestes, Lavínia/Laodice ou Electra, Adam Brant/Egisto, Peter/Pílade, Hazel/Hermione), Nelson só adotou esse critério para o sobrenome familiar: Drummond, de sonoridade próxima a Agamenon. Enquanto Agamenon/Ezra Mannon era logo sacrificado, para prosseguir o ciclo da maldição familiar, Misael Drummond permanece vivo ao longo de *Senhora dos afogados*, estabelecendo outro gênero de relacionamento. A propósito de *Electra enlutada*, cabia mencionar o "álbum de família" o'neilliano. Não será absurdo, a respeito da versão brasileira, considerá-la mais um *Álbum de família* rodriguiano, refundido pela perspectiva da trilogia de O'Neill.

Existe como fundamento da *Oréstia* esquiliana a tragédia dos Átridas, a maldição familiar que a mitologia vincula ao crime de Tântalo, assassino de seu próprio filho Pelops, cuja carne foi oferecida aos deuses, num banquete. Ressuscitado, Pelops mata o sogro e depois o escudeiro, que fora seu cúmplice. Amaldiçoada a descendência, Tiestes e Atreu, filhos de Pelops, disputam o trono de Micenas (por motivos políticos, Ésquilo transferiu o cenário para a cidade de Argos). Tiestes seduz a mulher de Atreu e este, inspirando-se no avô, mata os filhos do irmão e os oferece num banquete, preparado fingidamente para reconciliar-se com ele. Agamenon, filho de Atreu, sacrifica em Áulida a filha Ifigênia à deusa Ártemis, para que os ventos soprem, conduzindo a frota grega a Tróia (nova incidência desse gênero de crime, típico da família). O sacrifício de Ifigênia é o pretexto utilizado por Clitemnestra para assassinar, na volta vitoriosa da guerra de Tróia, o marido Agamenon, tendo o auxílio do amante Egisto, filho de Tiestes, que procurava oportunidade para vingar num descendente de Atreu a tragédia de seu próprio pai e de seu irmãos.

O'Neill criou uma história de equivalências evidentes. O pai de Ezra Mannon/Agamenon expulsou de casa o irmão, porque se apaixonara por uma enfermeira, e da ligação nasceria um filho,

Adam Brant/Egisto. O casamento desigual levou o irmão Mannon, um dia, depois da constrangedora cena doméstica, a preferir o suicídio. A viúva, presa mais tarde da miséria, apelou para Ezra, não sendo atendida. Quando regressou de viagem, o capitão Adam Brant já nada pôde fazer pela mãe e apenas jurou vingar-se do primo Ezra Mannon. Daí, como Egisto, unir-se a Christine e ser seu cúmplice no assassínio do marido Ezra Mannon/Agamenon. O'Neill ainda acrescenta outros antecedentes mesquinhos, mas que ajudam a compor o quadro psicológico: o pai de Ezra também gostava da enfermeira e adquiriu os bens do irmão por uma ninharia, isto é, roubou-os sob a capa da legalidade.

Nelson substituiu o mito da maldição familiar por outro, que concentra nessa nova família genesíaca dos Drummond a tragédia que a destrói. Misael Drummond manteve uma ligação com uma prostituta, da qual nasceu um filho, que ele supunha estar morto. No dia do seu casamento com D. Eduarda, a prostituta reivindicou a primazia no leito nupcial, levando Misael a assassiná-la, a golpes de machado. Surge do episódio um símbolo, que nutre a obra rodriguiana: para um homem casar-se, precisa sacrificar a prostituta que existe na mulher, ou, por outra, o matrimônio é frio, casto e triste, sem nenhum abandono erótico, instintivo, amoroso. O crime de Misael/Agamenon não foi ter morto uma filha, Ifigênia, fruto do amor, mas o próprio amor, a sua natureza sentimental. Tudo o mais se explica como conseqüência desse primeiro crime.

As relações incestuosas, à semelhança de *Álbum de família*, povoam o mundo de *Senhora dos afogados*. Elas se multiplicam em vários níveis. Os mais imediatos: a ligação afetuosa de Moema/Electra com o pai Missael, e o ódio à mãe; e o sentimento de Paulo/Orestes pela mãe, toda ternura com ele, também, e sua recusa do pai. Estaríamos, aí, no simples domínio freudiano, de reinterpretação dos mitos gregos, à luz da psicanálise. Nelson enriqueceu a equação, fazendo que Moema, para ser a única depositária do carinho paterno, afogasse as duas outras irmãs, Dora e Clarinha.

O incesto surge, na peça, em feições mais ambíguas, por causa de outra presença na trama – a do Noivo, assim chamado, sem menção a nome e sobrenome. Se o Noivo conhecia a sua identidade, ninguém, na família Drummond, a suspeitava: ele é o filho de Misael e da prostituta, que o pai acreditava morto. O Noivo está comprometido com Moema, mas foi esse o pretexto de que se valeu para se introduzir na casa do pai e se vingar dele (ainda aqui, a fidelidade à imagem materna e o repúdio à paterna). Provoca a existência do Noivo dois outros incestos.

O primeiro se liga ao compromisso com a própria irmã, desdobrada entre ele e o pai – réplica feminina da situação de Guilherme em *Álbum de família*, dividido no impulso incestuoso entre a mãe e a irmã Glória. E o segundo envolve aspectos de outro mito grego – o de Fedra e seu enteado Hipólito. Em Eurípides, Afrodite acende em Fedra uma paixão incestuosa pelo enteado Hipólito, para se vingar do culto por ele votado à deusa Ártemis. Os deuses surgem como simbolizações de sentimentos humanos, para melhor justificá-los. Sêneca já atribui conotações psicológicas ao incesto – Fedra vê no enteado a imagem do marido Teseu adolescente, quando se inflamou de amor por ele. E o novo amor é uma forma de manter viva a própria chama, que o tempo tende a exaurir.

D. Eduarda sente uma ligação misteriosa com o enteado Noivo, presente no ar que ela respira, a ponto de confessar ao marido: "Quando ele chega, Misael, eu sinto cheiro de mar nos meus cabelos…" Mistura de Drummond e da prostituta, o jovem, com o corpo tatuado de nomes femininos, tem o apelo sensual que o marido sempre lhe negou. Não estranha, por isso, que D. Eduarda abandone o lar, para a aventura fugaz com o Noivo, no mesmo prostíbulo do cais em que viveu a mãe dele. Enquanto Fedra se mata, para expiar a culpa, D. Eduarda tem as mãos decepadas por Misael, e morre em conseqüência da amputação. O Noivo não se realiza com Moema ou D. Eduarda, paralisado pela fixação materna. Como se vê, Nelson reescreveu *Álbum de família*, com a contribuição de outros mitos e histórias.

Ainda uma vez, o dramaturgo utiliza o vigoroso recurso da concentração. Excetuado o segundo quadro do terceiro ato, que funciona como epílogo, tudo acontece na tragédia num só dia: o anúncio da morte de Clarinha marca o início sombrio da ação.

Senhora dos afogados

Era o 19º aniversário do casamento de D. Eduarda e Misael, celebrado no mesmo dia em que mataram a prostituta (e que se saberá ter sido assassinada por Misael). Nesse mesmo dia, oferecem um banquete a Misael, em desagravo pela suspeita de que seria ele o criminoso, quando, na verdade, ele foi. Ainda nesse mesmo dia, sem que se insinue um mínimo de inverossimilhança, D. Eduarda foge com o noivo da filha Moema, e o filho Paulo mata o sedutor. Em continuação, Misael amputa as mãos da mulher, que morre. O quadro final da peça começa quando saiu o enterro de D. Eduarda e novas mortes completam as anteriores. Por uma réplica de Misael, sabe-se que é o dia seguinte, e nele morrem sua mãe louca, a quem Moema esqueceu de dar comida; Paulo que, por não poder viver mais, foge no caminho do mar, com a mesma sugestão de suicídio que vitimou Orin, em *Electra enlutada*; e finalmente o próprio Misael, que tomba talvez por exaustão, por ataque cardíaco ou ímpeto de autodestruir-se. Resta Moema sozinha no palco, num diálogo silencioso de ódio com as próprias mãos, evocando o desfecho de O'Neill, em que Lavínia se encerra solitária em casa.

Em nenhuma outra obra Nelson se permitiu, como em *Senhora dos afogados*, o abandono poético. A rubrica inicial, depois de descrever o cenário, com retratos a óleo dos antepassados nas paredes, e de introduzir nele as personagens presentes, faz menção a uma personagem invisível: "o mar próximo e profético, que parece estar sempre chamando os Drummond, sobretudo as suas mulheres". No mar Moema afogou as irmãs e para ele caminha Paulo. A Avó diz que o mar não gosta da família e, depois que a destruir toda, será a vez da casa. O diálogo evoca ainda uma ilha, para onde vão as prostitutas mortas, e de onde veio, no aniversário de sua morte, a mãe do Noivo, aparecendo para Misael no banquete que lhe ofereceram, da mesma forma que o espectro de Banquo surge diante do assassino Macbeth, na tragédia de Shakespeare.

A peça dá grande relevo ao coro fantasmal dos vizinhos, que se desdobra em múltiplas funções, à maneira do coro grego. Ele começa fazendo os comentários normais, muitas vezes obtusos, das pessoas alheias aos conflitos. Alinham-se as opiniões impessoais, como lugares-comuns anônimos. Em certos momentos, os vizinhos trazem informações úteis ao desenrolar da trama ou à ciência do público. Nelson toma com o coro avançadas liberdades dramáticas. A certa altura, os vizinhos tapam o rosto com uma das mãos, significando que não participam da ação imediata.

Adiante, D. Eduarda apela para o coro, a fim de que ele instrua Moema sobre a personalidade do Noivo. Aponta para o rosto de um que se destaca, afirmando que é a máscara dele. Ele porá o verdadeiro rosto, que a rubrica informa ser uma máscara hedionda, na realidade "a sua face autêntica". Portando máscaras ignóbeis, os vizinhos dizem a verdade a respeito do Noivo, que passa o dia com três ou quatro mulheres, e sempre bêbado. O coro exerce também, no primeiro quadro, a função auxiliar de trazer uma mesa, para uma suposta ceia da família Drummond.

Vários quadros começam com a intervenção do coro, na função primordial de comentar os episódios ocorridos e de prever o que virá. Às vezes, os vizinhos são apenas bisbilhoteiros, espiando uma cena por cima do biombo, como fazem as primas em *Dorotéia*. O papel de presságio eles desempenham, por exemplo, no início do segundo quadro do segundo ato, ao preparar, diligentes e dinâmicos, "uma câmara ardente para um defunto que ainda não morreu". Ora os vizinhos lançam com escárnio, ao rosto de Moema, o fato de ser ela filha única, mas não a única mulher na vida de Misael. No café do cais, o coro é a testemunha invocada para se comprovar que D. Eduarda, estranha ao local, é a mulher do Dr. Misael. E a referência aos vizinhos lhes atribui o dom da ambigüidade – eles "estão em todos os lugares, ao mesmo tempo". No quadro final, o coro lê os dísticos das coroas de flores trazidas ao velório de D. Eduarda. E vaticina a nova presença da morte, que levará Paulo.

A esse coro de vizinhos junta-se o das mulheres do cais, outra simbolização poética do dramaturgo. Desde que, há dezenove anos, assassinaram a prostituta, essas mulheres, no aniversário da morte, choram e rezam, e não recebem nenhum homem. Olham para a casa dos Drummond e apontam em sua direção, como se nela vivesse o criminoso. Funcionam, na trama, como verdadeiras deusas vingadoras, a exigir a punição do assassínio. Representam a consciência viva contra a impunidade, como as Erínias em relação a Orestes ou a peste, quanto a Édipo. As prostitutas estão em cena, no quadro do café do cais, em plena oração, que adquire uma beleza ritualística, sublinhada pela plasticidade. O dramaturgo absolve as mulheres do pecado, com a sugestão poética de que vão para a ilha, depois de mortas.

Além da família Drummond, a peça lida com várias outras personagens, definidas em traços sintéticos. A dona do bordel, mãe da prostituta assassinada, aparece somente no café do cais, em poucos diálogos sugestivos. Gorda e velha, tem pernas grossas, e gazes manchadas enrolam as canelas – pormenor prosaico, utilizado com freqüência por Nelson, para ressaltar a rudeza da realidade. Fala com sotaque, índice imediato de sua origem estrangeira, norma entre as proprietárias desses estabelecimentos. E logo se sabe que, apesar da aparência deficitária do café-casa de cômodos, a Dona tem prédios e uma avenida. Mais não seria necessário para caracterizar a personagem.

Ajudam a compor o ambiente do café o Vendedor de Pentes e Sabiá, figuras populares, desde a maneira como são conhecidos. Sabiá rege o coro das mulheres com uma caneca de cerveja. Tem esse apelido "porque assobia como gente grande". Seu assunto favorito é falar sobre a prostituta assassinada – ela tinha mais quadris e busto que D. Eduarda, e um primor de corpo. Sabiá menciona a freguesia da prostituta – figuras da Administração, o diretor dos Correios e o chefe do Almoxarifado, e uma vez "ela bateu com a porta na cara do filho do Prefeito..." Obrigado pela prostituta a fazer despesas além de suas posses, Sabiá não teve outro remédio senão dar um desfalque... Já o Vendedor de Pentes, talvez pela função humilde, exige não ser destratado, pois afinal não deve nada a Madama...

Os componentes do núcleo familiar dos Drummond têm muito em comum com o clã de *Álbum de família*. Misael é uma réplica de Jonas, herdeiro de uma tradição de trezentos anos. Assim como o fazendeiro Jonas seria candidato ao Senado Federal, fala-se do juiz Misael como ministro – cargo que ele não chegará a ocupar, pelas implicações da tragédia. Se o primeiro é comparado a um varão de Plutarco, o segundo "reassume o ar de estátua no respectivo monumento". O temperamento faunesco de Jonas converteu-se na sensualidade contida de Misael e na inclinação secreta pela prostituta, que ele negará, por meio do gesto homicida. Já o casamento com D. Eduarda não obedeceu a nenhuma paixão: dela, ele só queria filhos, e nem pensou em prazer. "Um Drummond não pode amar nem a própria esposa. (...) A cama é triste para os Drummond" – diz Misael. E a morta nem deixa que ele cobice outra mulher. Sofrendo de uma úlcera do duodeno, Misael só se permite um relaxamento quando confessa a autoria do crime, e assim a morte pode aproximar-se com serenidade.

 D. Eduarda remete a Fedra, na paixão pelo Noivo, mas guarda as características de uma D. Senhorinha de *Álbum de família*, no relacionamento com o marido e os filhos. Sente a hostilidade da filha e a retribui, porque afinal estão envolvidas com o mesmo homem, o Noivo. Quanto ao filho, pede ao menos que não a julgue, já que o aceita como ele é. Ao acompanhar o Noivo até o café do cais, sem que ele a tenha possuído ou venha a possuí-la, D. Eduarda aceita humilhar-se, como forma de autopunição. Ao mesmo tempo, vinga-se da família: "Daquela casa, e dos parentes, vivos e mortos... Do meu marido! Da minha filha! E me vingo também de mim mesma... Me vingo da minha própria fidelidade..." Nesse propósito de vingança, ela só excetua o filho, reafirmando a inclinação incestuosa. Diferentemente da *Oréstia* e de *Electra enlutada*, D. Eduarda não mata o marido, mas é morta por ele. Manifestação inconsciente do "machismo" brasileiro?

 Paulo tem a fragilidade dos homens fixados na imagem materna. O sentimento mais forte que o domina é o de que a mãe não faça nada que uma esposa não possa fazer. E quer que ela jure: "Na nossa família todas as esposas são fiéis... A fidelidade já deixou de ser um dever – é um hábito. Te será fácil cumprir um hábito de trezentos anos..." Instigado por Moema, Paulo apunhala o

Noivo, pelas costas. Como se possuído pela loucura, ele pensa que poderia ter matado o pai e não o amante da mãe: "tão culpado o marido, quanto o amante, os dois a possuíram!" O filho não perdoa o pai, por ter possuído a mãe. Moema, que induzira Paulo ao crime, entrega-o agora ao mar, para libertá-lo da sensação de não poder viver mais, depois que Misael matou D. Eduarda. Paulo parece o tempo todo um autômato conduzido pelo destino, feito da mesma substância de Orestes e Orin.

A tessitura de Moema, embora cheia de contradições, tem força semelhante à de Electra e à de Lavínia. Para ser filha única, não hesita em suprimir as irmãs Dora e Clarinha. A avó a considera fria, como as outras mulheres da família. Alguma coisa no Noivo a atrai: os olhos, a boca… talvez por lembrarem o pai. D. Eduarda, usando uma expressão que Nelson transformará depois em uma de suas piadas famosas, diz que estar com Moema é a pior maneira de estar sozinha. As duas têm de muito parecido as mãos, e seus movimentos são idênticos. Se Moema não desmanchou o noivado, foi para que a mãe e o Noivo se apaixonassem. Ela está consciente de ter despertado esse amor, como forma de destruir D. Eduarda. E manipula o irmão de acordo com os seus desígnios. Sempre de preto, por ter feito um voto, Moema aparece finalmente num vestido branco, maravilhoso, logo que sai o caixão da mãe.

Não se deve esquecer que o Noivo é também Drummond, filho de Misael e da prostituta. Ele deixou de ser oficial da Marinha e, durante a ação, é conceituado como "lírio vagabundo de cais", "o deus das mulheres da vida." Percebe-se que, ao assumir o papel de vingador da mãe assassinada, o Noivo rompeu as amarras com a realidade e não mede mais conseqüências para os seus atos. Noivar conscientemente a própria irmã, mesmo sem gostar dela, não deixa de ser uma manifestação do incesto que define a sua natureza. Porque o Noivo não se interessa por ela nem por D. Eduarda, que ele retira da casa dos Drummond. Tanto assim que, no café do cais, retarda quanto pode o momento em que ficará sozinho com a seduzida. O objetivo real do Noivo é vingar-se do pai, que matou sua mãe. A punhalada que recebeu do meio-irmão Paulo significou para ele uma libertação do oneroso fardo da existência.

O Noivo degusta a própria maldição. Cria a ilusão de que a mãe chegou, naquele dia em que se chorava o aniversário de sua morte. Sente ciúme dela, porque teria aparecido para o pai e não para ele. Obsessivo, o Noivo arranca de Misael a confissão do crime. Diante dessa prova irrefutável, pode liberar-se, para cumprir até o fim o seu destino. Não eram das mulheres do cais os nomes que tinha tatuados no corpo. O Noivo exibe para D. Eduarda o busto nu: há um só nome, repetido muitas vezes – o de sua mãe.

Na cena em que confessa ao Noivo o crime, Misael conta que a mãe, designada na peça como Avó, foi a única testemunha. Viu tudo, sem dizer nada. E enlouqueceu. É essa uma das constantes de Nelson, desde que introduziu em *A mulher sem pecado* a figura de D. Aninha, doida pacífica, mãe do protagonista Olegário, que não diz uma palavra e fica a enrolar continuamente um pano. A avó de *Senhora dos afogados* tem outras características: ostenta o orgulho de que todas as mulheres da família têm pudor e fala que se envergonha do próprio parto, "uma coisa imoral – imoralíssima". A loucura representou para a Avó o refúgio da responsabilidade de ter testemunhado o crime do filho. Alienada do mundo, ela não julga, não condena – encontra na ausência a cura da tragédia.

Como *Álbum de família*, a nova tragédia tem crimes e mortes em demasia, o que importa no risco de uma representação cair no melodrama. *Senhora dos afogados* entrou em ensaios, no Teatro Brasileiro de Comédia, no início da década de cinqüenta, mas o projeto da montagem foi abandonado, talvez pela dificuldade de se encontrar o tom justo do desempenho. Pautava-se o TBC, naquele momento, pelo desejo de sobriedade, pelo propósito de reproduzir a elegância dos melhores elencos europeus, cujo modelo era o estilo de Laurence Olivier, em contraposição aos excessos das companhias populares brasileiras, quer na comédia, quer no drama. Os gritos, os extravazamentos, a violência expressionista de Nelson não combinavam com a contenção pretendida pelo conjunto, e se desperdiçaram meses de trabalho.

O dramaturgo não vê nenhum obstáculo ao exercício de uma imaginação delirante. Se lhe apraz uma imagem poética, não tem pejo de falar nas dálias selvagens da ilha, nas estrelas que se refugiam nela como barcos. O Noivo diz a Moema: "Ah, se tu visses os ventos ajoelhados diante da ilha…" Ao mesmo tempo, o Vendedor de Pentes recorre à gíria, exprimindo a sua indignação como um "ora que pinóia!" As ações exacerbadas dos protagonistas se equilibram, depois, pelo comentário do coro de vizinhos.

Nem se nota, no clima de densidade que se desencadeou, que a Avó morre de forma quase inverossímil: Moema se esqueceu, durante muitos dias, de levar-lhe água e comida, e ela foi perdendo as forças, até não respirar mais. De outro lado, Nelson brinca com o velho recurso do melodrama, tirando bom partido da situação. Mesmo em *Electra enlutada*, O'Neill faz que a mulher mate o marido com uma cápsula envenenada, posta em lugar do remédio. D. Eduarda traz consigo um veneno, que pretende ministrar a Misael. Ao invés de tomar o líquido de um copo, contudo, Misael obriga a mulher a ingeri-lo, e nada acontece. Houve o suspense, mas Nelson quis evitar o lugar-comum de uma morte por envenenamento.

Até a descrição do cenário mostra que o autor não obedece às limitações do realismo. A rubrica registra, num episódio, que "Misael e D. Eduarda fazem todo o semicírculo da escada e verifica-se, então, que só de maneira muito teórica saíram do ponto de partida. Estão, agora, no quarto. Entram por uma porta também teórica e que de porta mesmo só tem uma indicação sumária". No final, Moema busca a própria imagem, e o espelho lhe transmite a da mãe. D. Eduarda repete todos os movimentos da filha, embora sem mãos e com os pulsos enrolados em gazes ensangüentadas. Para a vitória solitária de Moema, D. Eduarda acaba recuando, até desaparecer. E a última rubrica informa que Moema olha as próprias mãos (o traço de identidade com a mãe, embora Paulo fale que elas são parecidas como duas chamas), odiando-as como nunca. E então estende "os braços, como se quisesse criar entre si e as mãos uma distância qualquer, ou expulsá-las de si mesma". É a maneira simbólica de suprimir em si a mãe, para encarnar a solidão definitiva.

DOROTÉIA

*D*orotéia coloca para o espectador/leitor, desde a classificação que lhe deu Nelson Rodrigues de "farsa irresponsável em três atos", uma série de armadilhas. Farsa ou tragédia? Se se lembrar que a comédia e a tragédia tiveram a mesma origem, no culto grego ao deus Dionísio, a pergunta a propósito de dúvida envolvendo realidades aparentemente opostas não parecerá tão absurda. E, como essa, outras dicotomias podem ser afastadas.

Indicava-se 1947 como data de fatura do texto, embora ele não fosse mencionado no depoimento "Teatro desagradável", que o primeiro número da revista *Dionysos* publicou em outubro de 1949, citando apenas a "recente *Senhora dos afogados*", depois de *Álbum de família* e *Anjo negro*. Certamente ele só recebeu o ponto final meses antes da estréia, ocorrida no dia 7 de março de 1950, no Teatro Fênix do Rio, sob a direção de Ziembinski. O encenador polonês deu à montagem uma empostação decididamente trágica – solene, grandiosa, hierática –, o que ajudou a robustecer o equívoco a respeito da peça. Foi esse, sem dúvida, um dos maiores malogros da carreira dramatúrgica de Nelson, sugerindo a vários observadores que ela, mal saída do êxito do *Vestido de noiva*, já findara.

Cada vez mais exigente consigo mesmo, decidido a levar às últimas conseqüências o caminho do "teatro desagradável", Nelson não se furtou a prosseguir a sondagem interior dos textos que antecederam *Dorotéia*, mesmo com o risco de aprofundar o divórcio do público. Fugindo, mais uma vez, dos procedimentos do realismo, Nelson acolheu liberdades que se inscreveriam na escola surrealista. Não será difícil perceber, também, que a forma de criatividade consagrada na peça antecipa experiências de Ionesco e outros nomes do chamado teatro de vanguarda ou do absurdo da década de cinqüenta.

Por que incluir *Dorotéia* entre as peças míticas? Aí estão, sem nenhum intuito catalogador, diversos mitos: o do sexo envolto na idéia de pecado, o de beleza ligado a maldição, a doença como purificadora da alma, a feiúra como espantalho do demônio, a condenação do filho rebelde a retornar ao útero materno, a recusa do próprio corpo conduzido à rigidez da morte, o artifício como antônimo de vida. Nelson recorreu a personagens arquetípicas, avessas às oscilações psicológicas, e apelou para simbolizações de admirável poder sintético.

As primas D. Flávia, Carmelita e Maura são mulheres comuns. Na rubrica inicial, Nelson indica serem viúvas, de luto, "num vestido longo e castíssimo, que esconde qualquer curva feminina". Nenhuma nunca dormiu, "para jamais sonhar" – isto é, todas reprimiram qualquer possibilidade de abandono, de fantasia, de instinto que não fosse rigidamente subjugado pela razão.

A essa casa feita só de salas, sem nenhum quarto (o quarto simbolizaria a perigosa privacidade, o recolhimento individual, que dá rédeas à imaginação), chega a prima Dorotéia, vestida de vermelho, "como as profissionais do amor, no princípio do século". Não demora muito para revelar-se que essa Dorotéia (outra com o mesmo nome morreu), depois de fugir com um paraguaio (e não índio, como afirmou D. Flávia), se perdera, e passara a cultivar preferência por senhores de mais idade.

O confronto entre Dorotéia e as primas estabelece um primeiro conflito, que será a mola inicial da peça. Por que Dorotéia, que se desviara, procura de novo o reduto familiar? O motivo está expresso no diálogo: ao perder um filho, ela jurou que havia de ser uma senhora de bom conceito, refugiando-se então no abrigo das primas. Dorotéia já se definira como ser extremo, de contrastes brutais. A visão do filho morto não a convencera a separar-se dele. Tiveram de amarrá-la, para levar o corpo: "Enterrar, só por que morreu?" Quebrado o único vínculo sentimental com o mundo, Dorotéia deseja cultuar a morte.

Aquela casa de chão frio, sem leito, é bem o símbolo da morte, que se tornou a herança da estirpe, desde que a bisavó traiu o amor. Ela amou um homem e se casou com outro, e, na noite do matrimônio, teve a náusea – fatalidade familiar, que passa de uma mulher a outra, maldição semelhante à que marca os Átridas, por exemplo, na tragédia grega. O pecado contra o amor é tão grande, para Nelson, que não se volta apenas contra quem o comete, mas se transmite de geração a geração.

Por isso todas as mulheres da família tiveram a indisposição, na noite do casamento. Elas "têm um defeito visual, que as impedem de ver homem... (...) Nós nos casamos com um marido invisível..." E a adolescente Das Dores, filha de D. Flávia, que ali está, se casa no dia seguinte, com "um noivo que não viu nunca e que não verá jamais..."

Dorotéia fora a exceção, naquele núcleo. Não teve o defeito de visão das outras mulheres. Garotinha, enxergava os meninos. Vozes aconselhavam-lhe a perdição. Daí a fuga com o paraguaio, a morte dele, a ida para o prostíbulo, o filho também morto, e o propósito atual de resgatar-se, aceitando a sina familiar. Mas o culto a que se votará Dorotéia, junto das primas, requer uma iniciação.

Essa iniciação significa desvencilhar-se de qualquer resquício de vida – apelo ao jarro simbolizador do contato sexual, as formas femininas, o hálito bom demais para uma mulher honesta, sobretudo a beleza. As primas acusam Dorotéia de linda, como se cuspissem. Ela estará pronta para o convívio doméstico somente depois que Nepomuceno, que vive solitário no mato, lhe confiar as chagas purificadoras. O primeiro ato termina quando Dorotéia sai ao encontro de Nepomuceno e da expiação nas feridas eternas.

O segundo ato tem duas funções principais: dar tempo para que Dorotéia procure Nepomuceno e fazer o teste comprovador da fatalidade da náusea em Das Dores, suposta representante da nova geração. É Das Dores quem inicia o diálogo, perguntando pelo noivo. E não demora muito para chegar a sogra, D. Assunta da Abadia, também viúva e de luto, portando máscara hedionda. O noivo ficou na varanda, à espera de que a mãe o convide. Numa cena de delicioso humor, as mulheres trocam as maiores amabilidades, dizendo-se horríveis, desagradáveis, com péssima aparência. O jogo de frivolidades termina com a entrada do noivo, Eusébio da Abadia: D. Assunta introduz na sala um embrulho, amarrado em cordão de presente – duas botinas desabotoadas. Na farsa irresponsável que se propôs fazer, Nelson não poderia ter encontrado símbolo mais feliz para a presença masculina.

As botinas desabotoadas, prontas para o amor, não seduzem apenas a noiva: perturbam todas as mulheres, que haviam passado incólumes pela noite de núpcias. Os próprios olhos de D. Flávia não lhe obedecem mais – vêem contra a sua vontade. Maura não sabe como poderá viver, depois que as viu, e anseia por um aniquilamento, em que não haja botinas. Diante desse delírio, D. Flávia estrangula Maura, simbolicamente.

E é a vez da outra prima, Carmelita. Ela vai mais longe, na loucura. Chega a admitir que "alguém" está morrendo ou agonizando, dentro da família: a náusea. Por ter blasfemado contra a náusea – ousadia inédita – expiará a culpa. Carmelita "não aceitaria uma eternidade em que não houvesse um par de botinas..." Parodiando Tartufo, afirma que deixa de ser pecado o que não tem testemunha... Sem tocar em Carmelita, D. Flávia concretiza também o seu estrangulamento simbólico. A morte veio como castigo para o extemporâneo impulso sexual de Maura e Carmelita.

Completado esse ciclo, retorna Dorotéia. A definição da personalidade de duas primas adiou o teste previsto com Das Dores. Com mestria dramatúrgica, Nelson introduziu no segundo ato o inesperado dos problemas de Maura e Carmelita, e dosou os efeitos, para que o espectador pudesse respirar. Assim, o pano desce debaixo de novo suspense: a espera de como a moléstia vai reinar em Dorotéia, e de como a náusea vai reinar em Das Dores.

A presença do jarro, no início do terceiro ato, intensifica a emoção: não teria Dorotéia conseguido libertar-se do passado? E Das Dores não sentiu o enjôo. D. Flávia deseja que a filha invoque os espíritos da família, implore os protetores, para não se perder a tradição de suas mulheres. Dorotéia se une a D. Flávia num estranho segredo – a sugestão de um crime, que não chega a ser definido. Enquanto isso, Das Dores afirma ter tido um aviso – não vai experimentar a náusea, nem quer. Precisa ficar junto do noivo, sempre!

Diante dessa obstinação, só resta a D. Flávia revelar à filha que ela não existe, pois nasceu de cinco meses e morta. E foi bom que acontecesse assim – do contrário seria uma perdida. D. Flávia pergunta por que Das Dores continua na casa, se é morta. A filha não deseja voltar para o seu nada, mas para a mãe: "Não existe, mas quero viver em ti..." E completa: "Escuta: serei, de novo, filha de minha mãe. E nascerei viva... e crescerei... e me farei mulher..." A rubrica informa que, num gesto brusco e selvagem, Das Dores tira a própria máscara e a coloca no peito da mãe. Com uma das mãos, D. Flávia mantém essa máscara de encontro ao seio, num símbolo plástico da nova maternidade.

Esse é mais um dos achados felizes de Nelson, como ficcionista. Compreende-se que um filho pretenda abrir o seu caminho, afirmar a própria personalidade, à revelia do pensamento paterno ou materno. A rebeldia, em certo momento, se mostra quase obrigatória, como signo de uma nova existência. Já a paternidade ou a maternidade custa a aceitar a contestação, e, num caso extremo, como acontece sempre no mundo de Nelson, a filha volta para o útero materno, quando seus valores não coincidem. A mãe destrói simbolicamente a filha que não lhe segue os passos.

Para Dorotéia, cujo inimigo continua a ser o homem, outra vida é que deve morrer: o par de botinas. D. Flávia observa: se, ao menos, elas não estivessem desabotoadas... A tentação carnal ameaça as duas mulheres. D. Flávia trava um estranho diálogo com a máscara da filha, que parece arrastá-la para as botinas. A mesma força (Nelson denomina fantasma), que trouxera o jarro, agora empurra as botinas, pelos calcanhares. Elas se inclinam para Dorotéia, na sugestão de que seu destino de pecadora é inapelável. D. Flávia abre as mãos, como se pretendesse estrangular as botinas, mas, a contragosto, esboça uma carícia, surpreendida por Dorotéia. O jarro volta a iluminar-se, no fundo do palco. Com habilidade, Nelson prossegue o jogo entre o repúdio ao pecado e o incontrolável fascínio por ele.

Dorotéia ainda se embala no narcisismo, do fundo do qual exclama: "Sou tão linda que sozinha num quarto, seria amante de mim mesma..." A essa altura, porém, as chagas pedidas a Nepomuceno já desabrocharam. Ao voltar-se para a platéia, ela exibe uma máscara hedionda. Consumou-se a purificação. O jarro é tirado de cena e as botinas se afastam. D. Assunta, com cuidado, leva embora o filho – um simples embrulho debaixo do braço.

As duas primas, finalmente, estão sós. Tudo o mais desapareceu. Superaram-se as tentações e sufocaram-se os apelos vitais. O deserto ronda de novo aquela casa, onde, numa variação do que diz a Avó de *Senhora dos afogados*, imperava antes a vergonha eterna de saber que "temos um corpo nu debaixo da roupa..." Dorotéia fica apaziguada: depois da trajetória de conturbação, triunfou a morte. Pergunta ela a D. Flávia qual será o destino, o fim de ambas. A prima responde, encerrando a peça: "Vamos apodrecer juntas".

No inteligente prefácio que escreveu para a edição do texto no *Teatro quase completo*, Carlos Castello Branco observou que *Dorotéia*, classificada como farsa por Nelson, "é a mais realizada das suas tragédias". A tragédia, por outro lado, "quando não é expressa, está implícita em todas as peças" do autor. Com extraordinária habilidade cênica, o dramaturgo "se esmera em explorar praticamente uma cena só, que se enriquece, no correr dos três atos, de alguns episódios, mas sobretudo da sua própria substância íntima". O espectador vê, estarrecido, "a inexorável vitória da morte sobre a vida". Sob muitos aspectos, inclusive o da linguagem, Nelson "realizou em *Dorotéia* um tragédia clássica". Concluiu o prefaciador que, no texto, "a concepção do drama humano, a fatalidade da reabsorção da vida pela morte, vai-se insinuando através de descobertas psicológicas que nao se esgotam em si mesmas mas tendem a revelar, pelo acúmulo e o progresso, a contradição inerente à própria vida".

Em nenhuma outra obra Nelson levou tão longe a liberdade criadora. A partir de uma só situação, vista sob múltiplos ângulos, ele levantou um painel sobre os contrastes fundamentais da existência. A imaginação trabalhou solta, transpondo os empecilhos de qualquer ordem, para compor uma síntese brilhante.

As personagens estão fixadas naquela faceta que ajuda, pelo acúmulo, a desenhar a pretendida obsessão. Por isso foram abandonados os pormenores realistas, em proveito do impacto global da narrativa. Para o efeito de depuração, era importante concentrar a carga dramática na imobilidade da máscara, com a qual as personagens se identificam, simbolizando a essência liberta da contingência.

O realismo, às voltas com a representação quanto possível fiel da realidade, parecia ter relegado a máscara ao território da convenção sepulta no tempo. A reivindicação ficcional dos novos *ismos* trouxe de novo à baila o recurso, reaproveitado de várias maneiras por um Eugene O'Neill, dramaturgo com quem Nelson revelou sempre maior afinidade. A máscara tem extraordinário poder de simbolização em *Dorotéia*.

As primas (e a tia), que formam um coro em *Anjo negro* e reaparecem com vestes diversas (apenas tias) em *Viúva, porém honesta* e *Toda nudez será castigada*, desempenham função fundamental em *Dorotéia*. O bloco orgânico em que se constituem tem por objetivo representar as instituições, o passado, a tradição perempta, o medo do apelo natural da vida. Tanto que, mal uma parece abandonar-se ao sopro do sexo, castiga-a o estrangulamento simbólico. Nelson não tem contemplação com nenhuma: seu pessimismo mórbido condena todas à morte, verdadeira ou virtual. Só se conhece um relativo repouso quando se domou a indisciplina do instinto.

Pelas numerosas liberdades que o dramaturgo se concede em relação ao mundo real, pode-se pensar que *Dorotéia* se passa no inconsciente. Ali, entende-se que Das Dores tenha nascido de cinco meses e morta – puro anseio de maternidade de D. Flávia, que decretou o retorno da filha ao útero, ao conscientizar a autonomia de uma vida independente da sua. E os delírios da mente não permitem estranhar que duas botinas desabotoadas simbolizam a promessa do homem.

O estilo, as personagens, a trama, a imaginação de *Dorotéia* fugiam totalmente aos moldes do teatro praticado entre nós nos anos cinqüenta, dificultando que a crítica e o público apreciassem o que o texto contém de inovador. Mais uma vez Nelson Rodrigues expiou com o insucesso a criatividade vanguardista. Em compensação, embora sem perder o viço perturbador, *Dorotéia* merece ser encarada hoje como peça clássica.

Com *Dorotéia*, Nelson Rodrigues encerra o ciclo das peças míticas. Já explorou o mundo dos arquétipos, revolveu sem nenhum entrave o inconsciente primitivo. Para prosseguir a obra, ele precisaria desenvolver outra faceta de seu talento dramatúrgico: a de analista não convencional da realidade, homem que julgava o conhecimento profundo do bairro mais enriquecedor do que todas as viagens ao estrangeiro, o cronista surpreendente de "a vida como ela é..."

Uns consideram o teatro mítico, os textos poéticos, a fase mais ambiciosa e superior de Nelson. Não se pode esquecer, também, que ela foi responsável pelo decréscimo de sua popularidade junto ao público. Nelson citava, não sem ironia, o conselho do amigo Manuel Bandeira, para que escrevesse sobre pessoas normais, com o propósito de retomar o diálogo perdido com a platéia. Ou porque esgotou a fonte dos mitos para si, ou porque decidiu tratá-los sob a capa aparentemente mais amena da realidade, misturando-os com a linguagem cotidiana, o certo é que o dramaturgo preferiu ingressar, nas novas peças, no mundo da tragédia carioca.

TRAGÉDIAS CARIOCAS

O primeiro problema suscitado pelo último e mais numeroso bloco de peças de Nelson Rodrigues refere-se ao gênero a que elas pertencem. Já na abertura do *Teatro Completo*, sem discuti-lo, adotou-se a classificação de "tragédias cariocas". Seriam tragédias cariocas *A falecida, Perdoa-me por me traíres, Os sete gatinhos, Boca de ouro, Beijo no asfalto, Bonitinha, mas ordinária, Toda nudez será castigada* e *A serpente*.

A designação, entretanto, não se fez de forma pacífica. A começar pelo emprego do termo "tragédia". Mesmo considerando que o gênero sofreu evolução através dos tempos, desde que Aristóteles o conceituou no século IV a.C., ele implica algumas exigências técnicas, sem as quais pareceria gratuito utilizá-lo. Sabe-se que, ao menos com as conotações da tragédia grega, não cabe em nossos dias falar em gênero trágico.

E, contrariando a denominação "tragédias cariocas", há a própria introdução ao *Teatro quase completo* de Nelson, feita com a maior autoridade por Pompeu de Sousa. Ali, o crítico menciona a transição pela qual passara a obra rodriguiana, "transição, despercebida, a princípio, do próprio autor. Passa da tragédia universal para a comédia de costumes, carioca, suburbana, 'Zona Norte da cidade'; sem perder, entretanto, sua universalidade essencial. Uma estranha e personalíssima comédia de costumes, é verdade, que faz o próprio autor equivocar-se na sua classificação e chamá-la de 'tragédia carioca' ao primeiro e melhor exemplar, até aqui, de sua obra neste novo rumo: *A falecida*".

Prossegue Pompeu de Sousa: "Mas indiscutivelmente, comédia de costumes, como suponho ter demonstrado em duas ou três crônicas que publiquei por ocasião de seu lançamento cênico. Comédia de costumes de altitude onde nunca se elevara o pobre gênero em nossa língua, digna daquela onde se situou a tragédia do mesmo autor. Comédia de costumes que oferece todo o mesmo extenso e rico campo de estudos sobre a contribuição do autor, tanto no terreno da concepção criadora, como no da construção cênica e no da composição literária. Neste último, jamais se terá exemplo de tão extraordinária significação dramática do trivial e de tão bela poetização da gíria".

Debater a questão, até as últimas conseqüências, levaria a um estudo exaustivo sobre os gêneros teatrais, que não se enquadra nos limites deste trabalho. O termo "comédia", também, supõe requisitos técnicos, e talvez não seja tranqüilo aplicá-lo, sem maiores cautelas, à última fase da dramaturgia de Nelson. Uma das conquistas do teatro atual, sem dúvida associada à complexidade do homem moderno, está na fusão dos gêneros tradicionais e mesmo no seu abandono, e com essa premissa caberia mais simplesmente adotar o termo "tragicomédia". E não se pode esquecer que até as obras da maturidade de um Molière, protótipo do comediógrafo, entre as quais *O Tartufo, Don Juan, O misantropo* e *George Dandin*, mal se ajustam ao gênero cômico.

Independentemente das considerações teóricas, a palavra "comédia" se associa, no sentido popular, ao riso e ao *happy end*. Nelson, com achados e tiradas, introduziu nessa fase de sua obra, sobretudo, os elementos cômicos. Mas o predomínio da acepção trágica da existência, uniforme no teatro rodriguiano inteiro, torna difícil assimilar qualquer de seus textos à idéia pura e simples de comédia. *Viúva, porém honesta*, incluída entre as peças psicológicas, Nelson qualificou de "farsa irresponsável", bem como *Doroteia*, que figura entre as peças míticas. Apesar do *happy end*, *Anti-Nelson Rodrigues*, arrolada entre as obras psicológicas, e *Bonitinha, mas ordinária*, vista como "tragédia carioca", se aproximariam mais naturalmente do que se qualificou de "drama".

Tive oportunidade de comentar com Nelson os critérios da edição do seu *Teatro Completo*. Como hipótese conciliatória, cheguei a citar a classificação "tragédia carioca de costumes", que

Nelson afastou, fixando-se em "tragédia carioca", gênero atribuído a *A Falecida*. Não aprofundei as razões do autor e sou hoje obrigado a permanecer em conjeturas. Como Nelson impôs sua obra, sobretudo no início, contra a dominante comédia de costumes, não gostaria de filiar-se a uma corrente, cuja ambição artística lhe parecia em geral menor. Tanto pela fidelidade ao seu universo como a um projeto estético superior, Nelson julgava imprescindível mover-se sempre no território da tragédia.

Tragédia apenas, como ele denominou *Vestido de noiva*, *Álbum de família*, *Anjo negro* e *Senhora dos afogados*, não capta a especificidade dos textos. O termo "tragédia", com efeito, se ajustaria de imediato a esses últimos três textos, concebidos de acordo com o conceito tradicional. Preferiu-se alinhá-lo entre as peças míticas, para sublinhar a presença do mito e para distingui-los naturalmente das tragédias cariocas. O próprio Nelson teve hesitações, porque a segunda obra dessa série – *Perdoa-me por me traíres* –, está qualificada como tragédia de costumes. Mas são originalmente tragédias cariocas, na conceituação do autor, *A falecida*, *Boca de ouro* e *Beijo no asfalto*. A evidente preferência por essa classificação recomendava que ela se estendesse às demais obras da série, cujo parentesco não se contestaria.

Por que Nelson enveredou para a tragédia carioca? Como para tudo o mais, muitas explicações podem ser tentadas. De um extremo a outro, indo de motivos lisonjeiros a subalternos. Teria fundamento imaginar que, em face das dificuldades enfrentadas pelas peças míticas, e que se desdobravam da censura aos espectadores (e até mesmo aos intelectuais), o dramaturgo se demitiu dos vôos mais elevados e buscou um compromisso com o meio. Se os melhores críticos literários da década de quarenta expulsaram *Álbum de família* do campo da literatura, e um amigo insuspeito como Manuel Bandeira recomendava a Nelson escrever sobre pessoas "normais", como insistir numa tecla que aprofundava o divórcio da platéia?

Lembre-se que *Álbum de família* estava interditada. *Anjo negro*, depois de problemas censórios, teve principalmente um êxito de estima. *Senhora dos afogados*, cuja composição, no *Teatro quase completo*, está datada de 1955, embora tivesse estreado, no Municipal do Rio, em 1º de junho de 1954, na verdade desde janeiro de 1948 conhecia o veto da Censura, o que faz supor que saiu das mãos do autor ao menos desde 1947. E *Doroteia*, iniciada nesse mesmo ano, só foi à cena em 1950, para uma permanência de algumas semanas em cartaz. Temendo, aliás, as desconfianças provocadas pelo seu teatro, Nelson submeteu essa peça à Censura com o nome de um amigo.

Era, sob todos os aspectos, um cerco muito violento, que justificara uma revisão de processos e propósitos. Mas não penso que seja uma capitulação a passagem das peças míticas, cheias de intuições poéticas e vanguardistas, ao realismo das tragédias cariocas. Na lógica interna de sua criação, o dramaturgo já havia rasgado o subconsciente e sondado as raízes inconscientes. Ele cumpriu, por inteiro, a viagem interior. Estava na hora de tomar o caminho de volta, reencontrando a realidade, mostrada pela revelação do Outro.

O compromisso com o mundo exterior, o cotidiano, a existência próxima e palpável, Nelson vivia na sua faina diária de jornal. Em 1951, ele começou, na *Última hora* do Rio, a publicação de *A vida como ela é...*, uma quase inacreditável coletânea de histórias, em que tratava de preferência da vida suburbana carioca. Esses folhetins, independentes entre si, valeram a Nelson uma extraordinária popularidade, aumentando além de qualquer cifra otimista a tiragem do jornal. A dramaturgia, depois da acolhida a *Vestido de noiva*, trancou-se em paredes "desagradáveis". Era natural que o novo diálogo com o leitor, espontâneo e direto, tivesse repercussão no teatro a ser escrito. O exercício de *A vida como ela é...* representava um preparo espontâneo para as tragédias cariocas. Elas viriam como fatalidade na evolução do autor.

Não me refiro a progresso, nem a maturidade, nem a culminação de uma obra. Em cada fase que atravessou, Nelson escreveu peças excelentes. O juízo sobre o mérito dependerá sempre da preferência do espectador, ligada à sua subjetividade. O importante é verificar que o dramaturgo percorreu uma gama muito rica de inspirações, satisfazendo, por isso, a gostos não apenas divergentes, mas até mesmo contrários. E sempre com a sua personalidade imediatamente reconhecível – um estilo que não se confunde com o de ninguém.

Sem menção a valor, acredito que as tragédias cariocas sintetizem as características de Nelson Rodrigues. Quando ele lidou mais com o subconsciente e as fantasias inconscientes, se entregava a um delírio que podia prescindir da censura da realidade. O vôo poético parecia especialmente livre, por recusar quaisquer limites. Mas o público tinha dificuldade de identificar-se com um homem entregue à imaginação e ao desvario, sem os prosaicos e exigentes mandamentos do cotidiano.

Ao situar as personagens, nas tragédias cariocas, sobretudo no cenário da Zona Norte do Rio, Nelson deu-lhes uma dimensão palpável no real, mas não abdicou da carga subjetiva anterior. O psicológico e o mítico impregnaram-se da dura seiva social. Dramaturgo que evitou o panfleto político, por conhecer os maus resultados literários do proselitismo de qualquer espécie, ele acabou por realizar doloroso testemunho sobre as precárias condições de sobrevivência das classes desfavorecidas financeiramente. As tragédias cariocas, portanto, unindo a realidade e os impulsos interiores, promovem a síntese do complexo homem rodriguiano.

A FALECIDA

*D*ez anos depois da estréia de *Vestido de noiva*, Nelson Rodrigues tem outro marco em sua dramaturgia: o lançamento de *A falecida*, no dia 5 de maio de 1953, no Teatro Municipal do Rio. A repercussão, certamente, esteve longe de repetir a da primeira obra-prima, porque o autor já havia modificado o panorama do nosso teatro e a nova peça não provocava a mesma surpresa. Ela inaugurava a fase mais prolífica do dramaturgo e que o acompanharia até a morte.

Basicamente, *A falecida* é a história de um casal da classe média baixa da Aldeia Campista, na Zona Norte do Rio. Zulmira sofre de tuberculose e Tuninho se acha desempregado, gastando as parcas sobras da indenização. Seu mundo não tem horizonte. Ciente (mais por intuição do que por diagnóstico médico) de que está prestes a morrer, Zulmira vai da cartomante ao banheiro, ao quarto, à igreja teofilista, à casa dos pais, à agência funerária e ao consultório, numa rápida sucessão de cenários, até a hemoptise fatal. Por sua vez, Tuninho, além de permanecer ao lado de Zulmira em alguns ambientes, aparece na sinuca, no táxi, no palacete do empresário de quem arrancará o dinheiro para o enterro, na agência funerária e por último no Maracanã, onde se encerra a peça.

Acompanhando os deslocamentos naturais do cotidiano, Nelson não se preocupa em concentrar a ação artificialmente, num único cenário. A breve passagem de um ambiente a outro, embora incorra no risco de dificultar o preparo da atmosfera, pela excessiva fragmentação das cenas, tem o mérito de surpreender o essencial e suprimir quaisquer delongas. Em trajetória vertiginosa, Zulmira se desloca da casa da cartomante, abrindo a peça, à cena da morte, que termina o segundo ato. Seria aceitável o desaparecimento da protagonista do palco, faltando o desfecho? Nelson resolveu muito bem o problema, ao fazer que Zulmira esteja presente, após a morte, em *flashbacks* reveladores, que completam sua imagem. São liberdades concedidas pela ficção moderna, que a técnica tradicional do teatro por certo condenaria. O dado do imprevisto não desaparece com a morte: transfere-se para o comportamento de Tuninho, ao cientificar-se da traição de Zulmira.

Para facilitar a mobilidade das personagens, Nelson escolheu um espaço vazio, delimitado pelo fundo de cortinas. De acordo com a rubrica inicial, as "personagens é que, por vezes, segundo a necessidade de cada situação, trazem e levam cadeiras, mesinhas, travesseiros que são indicações sintéticas dos múltiplos ambientes". O que não impediu, por exemplo, o cenógrafo Flávio Império, na montagem de Osmar Rodrigues Cruz para o Teatro Popular do SESI, estreada em São Paulo em julho de 1979, de construir um dispositivo muito engenhoso, dividido nos vários locais da ação e sem atravancar o palco. Ao contrário, o cenário ajudou a aquecer o diálogo e a propiciar a unidade do espetáculo, ameaçada pela multiplicidade de ambientes.

A primeira cena, em que Zulmira faz uma consulta à cartomante, Madame Crisálida, levanta os problemas fundamentais de *A falecida*. Antes de mais nada, o apego da protagonista ao mundo mágico, irracional – como se as cartas pudessem decifrar o destino, verdade inapelável. O quadro real, porém, é de marginalidade e prosaísmo. Madame Crisálida teme a polícia ("Outro dia fui em cana"), está de chinelos e desgrenhada, "um aspecto inconfundível de miséria e desleixo", embaralha cartas ensebadas e o filho de dez anos fica a seu lado, o tempo todo, com o dedo no nariz.

À confidência de Zulmira de que está numa grande aflição, a cartomante responde apenas que vê, na vida dela, uma mulher loura, e que tenha cuidado com essa mulher. Antes que Zulmira se recomponha e pergunte se sofre do pulmão e se o marido vai arranjar emprego, Madame Crisálida perde o sotaque e a despacha, cobrando secamente a consulta. O autor, por meio do pormenor da perda do sotaque e da avidez pelo recebimento do dinheiro, parece criticar a suposta oniciência da cartomante. Mero expediente irônico, porque a visita deflagra em Zulmira o processo de explicação para o mistério do seu mal.

A mulher loura logo será identificada como Glorinha, prima de Zulmira. Repentinamente, Glorinha deixou de cumprimentar Zulmira, que atribui sua doença a uma macumba feita pela prima (Tuninho, lógico, objeta que ela é protestante). Só no terceiro ato, morta Zulmira, se saberá que Glorinha deixou de cumprimentá-la porque a surpreendeu, de braço, com o amante, o empresário João Guimarães Pimentel, dono de uma frota de lotações e que *O Radical* chamou "de gatuno pra baixo".

O mecanismo psicológico de Zulmira, nesse particular, talvez se explique por sentimento de culpa que transforma a prima em bode expiatório. Além de sua própria consciência repressora. Ao ser vista por Glorinha, Zulmira rompeu com Pimentel. Disse a ele que a prima não a deixa mais amar –"Ela me impede de ser mulher". Tem nojo de beijo, de tudo, e desapareceu da vida do amante, sem voltar a dar-lhe um só telefonema.

Definindo-se em relação à prima, como, em outros termos, Alaíde se projeta na figura de Madame Clessi, em *Vestido de noiva*, Zulmira tem para com ela um comportamento ambíguo. Evoca o interesse que Glorinha nutriu, no passado, por Tuninho (de novo, a variação do amor de duas irmãs pelo mesmo homem), para incentivá-lo a seduzir a prima. A conquista, mostrando-a não mais inexpugnável, aplacaria seu sentimento de culpa? Não se pode esquecer que Glorinha é caracterizada como "o maior pudor do Rio de Janeiro". Mas se revela a razão para que ela fosse tão recatada, nem indo à praia, e tendo nojo do amor: o câncer obrigou-a a extirpar um seio.

Por que Zulmira traiu Tuninho? Provável Bovary suburbana, não há um só motivo para explicar o gesto da heroína. É comum a insatisfação com a realidade e a fuga no sonho. O cotidiano costuma, para muita gente, matar as ilusões e exigir o refúgio no insólito, para não sepultar a vida em prosaísmo. O desconhecido fascina as criaturas insatisfeitas.

No caso de Zulmira, menciona-se uma razão palpável para que ela se afastasse de Tuninho. Nelson faz que, ao contar o motivo a Pimentel, Zulmira vá até à boca de cena, para sublinhar a revelação: "Começou na primeira noite... Ele se levantou, saiu do quarto... Para fazer, sabe o quê?" E, num grito triunfal, acrescenta: "Lavar as mãos!" Zulmira tomou esse procedimento como se Tuninho tivesse nojo dela. E se fechou em frieza, para concluir que odiava o marido.

Não suportando Tuninho, Zulmira, disponível sentimentalmente, se tornaria presa da primeira aventura surgida em seu caminho. Pela formação familiar e pelas circunstâncias de vida, não seria normal Zulmira tecer novo romance. A traição viria de chofre, num choque – ela colhida de surpresa. E a oportunidade veio no momento em que Pimentel, empurrando a porta das "Senhoras", em vez da porta dos "Cavalheiros", numa sorveteria da Cinelândia, atracou Zulmira, sem uma palavra. Comenta ele: "foi a única mulher que eu conquistei no peito, à galega. Entrei de sola".

Os amantes fortuitos talvez não se vissem mais, se *O Radical* não publicasse uma reportagem sobre Pimentel, identificando-o para Zulmira. Daí os encontros e a experiência sexual satisfatória, compensando a frieza com Tuninho, até que Glorinha surpreende o casal e se torna a consciência acusadora de Zulmira. Acabou-se de vez o sortilégio. Seria o caso de argumentar que ela se aproximou de Pimentel, também, porque, sabendo-o rico, tinha a certeza de que ele pagaria o seu enterro?

A verdade é que Zulmira, típica mulher da baixa classe média carioca, se define como a primeira grande heroína frustrada da galeria rodriguiana. Falta-lhe a completação sentimental, bem como o apoio financeiro. Vedaram-lhe o caminho do puro abandono do sexo. Corrói-a a doença, em progressão fulminante. Em outra sátira aos erros médicos, Nelson leva Zulmira a consultar o Dr. Borborema (veja-se o ridículo do nome), e o diagnóstico é o de uma simples gripe. A miséria não permitiu que Zulmira procurasse, como Glorinha, "um médico bacana, que até piano tem no consultório". Fecha-se o cerco sobre ela, dentro da crescente consciência de que a morte se aproxima.

O rápido interregno teofilista funciona como preparo espiritual para a despedida. Tuninho, inconsciente da gravidade do problema, ainda convida a mulher para irem à praia. Sem forçar o diálogo, Nelson aproveita a situação para introduzir alguns dos seus paradoxos, de tanto efeito. Zulmira afirma que não aprova praia, não aceita *maillot*: "A mulher de *maillot* está nua. Compreendeu? Nua no meio da rua, nua no meio dos homens!" Mais adiante Zulmira repete um conceito que permeia a obra rodriguiana: "Nenhuma mulher devia pertencer a homem nenhum!" Desejosa de batizar-se outra vez, na nova religião, ela procura reconciliar-se com o mundo, perdoando sempre, "morrer perdoando"...

Completado o ciclo da frustração, Zulmira precisa de um estímulo compensatório. A vida não pode dar-lhe nenhum alimento. Muitos acreditam na promessa de eternidade como compensação para os infortúnios terrenos. Zulmira não tem esse tipo de formação religiosa. Desapossada de tudo, concentra na fantasia de um enterro de luxo, inclusive para afirmar-se diante de Glorinha, a última réstia de realização no mundo. Por isso dialogou com Timbira, da agência funerária, acalentando a idéia de um caixão especial. Obteve do marido, assim, o compromisso de procurar Pimentel, depois de morta, para que ele custeasse a despesa fantástica. E, diante da estranheza de Tuninho, não entendendo por que o empresário pagaria o enterro, ela justifica apenas: "Uma morta não precisaria responder..."

O mausoléu – o túmulo grandioso no cemitério – dá ao vivo a ilusão de perenidade, quando vier a morte. Para Zulmira, o enterro de luxo cumpre função semelhante. Ela própria fala em pirraça, o que gentilmente sugeriria capricho, mas a necessidade de uma morte retumbante, provocando inveja nos outros, tem origem profunda no inconsciente. A desculpa da pirraça não esconde a força ancestral que há no anseio – uma nítida presença arquetípica.

E nem esse desejo será satisfeito, embora os costumes considerem lei a obediência à manifestação da última vontade. Entra aí o pessimismo feroz e sádico de Nelson Rodrigues. Ao tomar conhecimento de que fora traído, Tuninho maquina uma vingança cruel contra a mulher. Vai à agência funerária, e encomenda o caixão mais barato. Até o consolo do enterro de luxo será negado a Zulmira. A existência assume uma feição de inteiro absurdo. A vingança, porém, não se limita ao gesto de Tuninho. A psicanalista Betty Milan, em artigo sobre a peça, estendeu-a ao comportamento de Zulmira, que nutria o projeto explícito de vingar-se da Outra (Glorinha) e ao projeto implícito de vingar-se do marido. E, em conversa, atribuiu com agudeza uma dimensão mítica ao problema da vingança, na dramaturgia rodriguiana. O que parece explicável, se se lembrar o episódio já mencionado da mulher que entrou na redação do jornal do pai de Nelson, para matá-lo, e, não o encontrando, vingou-se da mesma forma, talvez com maior crueza, assassinando seu irmão Roberto.

No pólo oposto ao de Zulmira, Tuninho não é mais feliz do que ela. Tendo perdido o emprego, a peça não mostra nenhuma perspectiva de que ele esteja próximo de arranjar outro. Forçado ao lazer, Tuninho consome o tempo nas ocupações intranscendentes dos homens comuns – jogo de sinuca e comentário sobre futebol, como torcedor apaixonado do Vasco.

O quarto de dormir documenta a incomunicabilidade do casal. Mal troca algumas palavras com a mulher, Tuninho adormece e ronca. Assim, Zulmira apenas monologa, até que agarra e sacode o marido, sem êxito na tentativa de ser ouvida. Essa cena é tão ilustrativa do pensamento do dramaturgo que ele a retomará, de outra forma, em *Anti-Nelson Rodrigues*. O marido é que deseja comunicar-se com a mulher e ela dorme, surda ao seu apelo.

A modificação sofrida por Zulmira preocupa tanto Tuninho que ele procura os sogros e os cunhados. Se pretende beijá-la na boca, ela objeta que vomitará. A essa altura, Zulmira admite estar imitando Glorinha, naquele processo de identificação com a sua consciência acusadora. Tuninho assumirá o papel de protagonista somente no terceiro ato, quando a mulher ressurge em *flashbacks* e caberá a ele tomar a iniciativa da ação.

Nenhuma hesitação confunde os passos de Tuninho. De táxi, ele chega rápido à casa de João Guimarães Pimentel. Um contra-regra, no papel de criado, anuncia-o ao milionário. Decidido, Tuninho vence a barreira para ser recebido, e se identifica como primo de

Zulmira, de quem Pimentel, a princípio, parece lembrar-se vagamente. Feita a revelação do adultério, Tuninho cobra a elevada quantia de Pimentel e se dá a conhecer: é o marido. E ainda por cima informa que voltará para apanhar o dinheiro da missa de sétimo dia.

As situações anteriores não sugeriam tanta audácia em Tuninho. Por que ele se mostra impestuoso na chantagem? Os motivos devem ter-se superposto, para essa súbita transformação. Desempregado, morta a mulher, descobrindo-se traído, Tuninho chegava ao fundo do poço. Daí à total abjeção não havia distância, e Tuninho se desdobra em duas atitudes: de um lado, vinga-se da mulher, dando-lhe o pior enterro: e, de outro, a soma imensa arrecadada de Pimentel arma-o de um simulacro de poder, que o estimula, no Maracanã, a apostar com duzentas mil pessoas, na vitória do Vasco. A rubrica diz que ele insulta a platéia e joga para o ar as cédulas. Todo esse desafio não impede que Tuninho encerre a peça, soluçando "como o mais solitário dos homens". À semelhança de Zulmira, também Tuninho é um derrotado.

Não se pode deixar de assinalar que, embora Nelson desconhecesse *Da manhã à meia-noite*, é patente a semelhança do desfecho de *A falecida* com uma cena dessa peça de Georg Kaiser, em que o protagonista, a princípio um bancário exemplar, dá um desfalque e, no itinerário do próprio aniquilamento, faz apostas mirabolantes num estádio. A inspiração expressionista dos dois autores explica a coincidência, perceptível apenas nesse episódio, porque no restante os textos se diferenciam. Em Tuninho, aliás, caracterizado desde o início pela paixão do futebol, comum no brasileiro (e Nelson era um torcedor fanático), explica-se perfeitamente esse final apoteótico no Maracanã.

Empenhado em descrever os ambientes com exatidão de cronista, o dramaturgo se demora, sobretudo, em pintar a agência funerária (não há propriamente demora, mas cuidado especial na pintura das personagens, em particular de Timbira). Tanto assim que, na primeira vez que os refletores fixam a agência, os diálogos bastam-se nos seus funcionários, sem a presença de Zulmira ou menção a ela. Vê-se que o autor quis dar a Timbira autonomia de personagem, independentemente da referência à futura falecida.

A falecida

Na descrição do dia-a-dia da funerária, Nelson demonstra os seus dotes de observador arguto. Alusões a figuras que não pertencem ao rol de personagens, além de articular-se para o desenvolvimento específico da trama, servem de contraponto ao clima sombrio dos protagonistas. Veja-se, por exemplo, Timbira narrar o enterro da mulher do embaixador. Rico, fumando de piteira, ele não se vexou de encomendar um caixão comum. O inverso se daria no sepultamento da filha do bicheiro Anacleto. No velório, o bicheiro "não chorava – mugia..." Timbira não teve dificuldade em vender-lhe um caixão ornado de alças de bronze e forro de cetim, que deixou todo o mundo boquiaberto.

A generosidade de Anacleto leva Timbira a exclamar que "bicheiro é um grande sujeito" e "A solução do Brasil é o jogo do bicho! E, sob minha palavra de honra, eu, se fosse Presidente da República, punha o Anacleto como Ministro da Fazenda!" Nova tirada expressionista de Nelson, que, entretanto, não permanece um apêndice desconectado da trama. O caixão luxuoso adquirido pelo bicheiro serve de modelo para a encomenda de Zulmira. Assim tudo se conjuga em *A falecida*.

Pompeu de Sousa, escrevendo sob o pseudônimo de Roberto Brandão, qualifica Timbira, no artigo "Uma Triste Comédia de Costumes" (*Diário Carioca* de 5 de julho de 1953), de "don-Juan de esquina". Ronaldo Lima Lins, no livro *O teatro de Nelson Rodrigues – Uma realidade em agonia*, afirma que as aventuras amorosas de Timbira "têm qualquer coisa de um Don Juan suburbano que se limitasse a acumular conquistas, sem se prender a nenhuma". O 1º Funcionário da Agência atribui-lhe uma paixão, de 15 em 15 minutos. Ele confidencia, porém, que gostou da garota e completa: "Com as outras, eu brinco. Dessa eu gosto. É diferente". Ao receber, petrificado, a revelação de que o caixão barato era para Zulmira, Timbira, rolando em catadupa a espuma do dentifrício (informa a rubrica), sintetiza cruelmente o juízo final: "Que vigarista!"

Quaisquer personagens, mesmo as que aparecem numa única cena, se definem em réplicas lapidares. Quando Tuninho revela à família de Zulmira seus problemas, um cunhado, de óculos e livro debaixo do braço, sentencia: "Caso de psicanálise!" Ao que outro, "feroz e polêmico", replica: "Freud era um vigarista!" O Pai proclama: "O marido tem seus direitos!" E a Mãe, "patética", aconselha: "Minha filha, nem oito, nem oitenta!" Essa cena, curta, esboça um magnífico quadro familiar.

Fiel ao meio que retrata, Nelson valoriza o absoluto coloquialismo do diálogo. Ele não teme, também, a gíria, e numa incrível intuição daquela que permaneceria (e já se vão várias décadas), nenhuma réplica envelheceu. Cito, ao sabor do desenvolvimento da peça: "A polícia não é sopa. Outro dia fui em cana." As crianças "pintam o sete". Na partida de futebol, "o Carlyle ensopa o Pavão". Os adversários são "uns pernas de pau". "Até aí morreu o Neves". "Espeto!" "Esses cartolas enchem!" "Batata!" "Vamos meter uma praia?" Usa-se, por outro lado, a forma apassivada, que dá uma grande intimidade à afirmação: "Jogador profissional, que me perdesse um pênalti, eu multava!" Ou: "Então você me sai de casa debaixo desse toró, larga-se para os cafundós do Judas, atrás de uma cretina?" E esses vários exemplos foram colhidos apenas no primeiro ato.

A realidade, para Nelson, guarda permanentemente uma feição prosaica, senão dura. Tuninho abandona o salão de sinuca por causa de uma dor de barriga e, chegando em casa, o banheiro está ocupado por Zulmira ("Seu" Noronha, de *Os sete gatinhos*, vem da rua e entra também no banheiro). Adiante, ele pede para a mulher espremer um cravo nas costas. Mal Zulmira morre, a luz incide sobre duas novas personagens, na rua: uma "cava um dente, com um pau de fósforo, numa dessas faltas de poesia absolutas". Na cena em que saberá da morte de Zulmira, Timbira coça as pernas cabeludas. E, diante da admiração da filha pelos enterros antigos, que usavam cavalos com penacho na cabeça, a Mãe de Zulmira conta: "quando o enterro saiu, a nossa porta ficou que era uma nojeira! Nem se podia! Nunca vi cavalos tão grandes e bonitões! Mas sujaram tudo!... Muito desagradável!..."

O dramaturgo não admite, em nenhum campo, uma leve ilusão. Nessa primeira incursão na tragédia carioca, o logro parece ser o estigma fundamental do homem. Zulmira foi lograda até na morte, tendo um enterro barato, em lugar do enterro de luxo. Tuninho descobriu que a mulher o traíra. Pimentel pagou, pela aventura quase esquecida, um preço enorme – havia enterrado a mãe com a quarta parte do dinheiro entregue na chantagem. E Timbira não chegou a consumar a conquista, nem vendeu o caixão dispendioso. Une as personagens principais de *A falecida* a peça que a vida lhes prega.

PERDOA-ME POR ME TRAÍRES

Afirmando que todo autor é autobiográfico, Nelson Rodrigues explica a incidência de episódios por ele vividos ou testemunhados em sua obra. O principal deles foi o assassínio do irmão Roberto, que o romancista Lúcio Cardoso identificou em *Vestido de noiva*. Nas *Memórias*, o dramaturgo alude expressamente a uma vizinha, cuja tragédia se acha transposta em *Perdoa-me por me traíres*.

O espetáculo estreou no Teatro Municipal do Rio, em 19 de junho de 1957, com a novidade de Nelson figurar pela primeira vez como ator e o escândalo estrepitoso que ocorreu. A narrativa do acontecimento está em *O reacionário*, depois de ter percorrido as manchetes de jornais.

Escreveu Nelson: "Embora sendo o pior ator do mundo, representei, imaginem, eu representei. Era a maneira de unir minha sorte à de uma peça que me parecia polêmica. Muito bem. Os dois primeiros atos foram aplaudidos. Nos bastidores, imaginei: – 'Sucesso'. Mas ao baixar o pano, no terceiro ato, o teatro veio abaixo. Explodiu uma vaia jamais concebida. Senhoras grã-finérrimas subiam nas cadeiras e assoviavam como apaches. Meu texto não tinha um mísero palavrão. Quem dizia os palavrões era a platéia. No camarote, o então vereador Wilson Leite Passos puxou um revólver. E, como um Tom Mix, queria, de certo, fuzilar o meu texto. Em suma: – eu, simples autor dramático, fui tratado como no filme de bangue-bangue se trata ladrão de cavalos. A platéia só faltou me enforcar num galho de árvore".

O dramaturgo conta a sua reação: "A princípio, deu-me uma fúria. Sempre digo que a coragem é um momento, que a covardia é um momento. Tive, diante da vaia, esse momento de coragem. Naquele instante, teria descido para brigar, fisicamente, com mil e quinhentos bárbaros ululantes. Graças a Deus, quase todo o elenco pendurou-se no meu pescoço. Mas o que insisto em dizer é que estava isento, sim, imaculado de medo. Lembro-me de uma santa senhora, trepada numa cadeira, a esganiçar-se: – 'Tarado! tarado!'"

Vem, por fim, a explicação para o fenômeno: "E, então, comecei a ver tudo maravilhosamente claro. Ali, não se tratava de gostar ou não gostar. Quem não gosta, simplesmente não gosta, vai para casa mais cedo, sai no primeiro intervalo. Mas se as damas subiam pelas paredes como lagartixas profissionais; se outras sapateavam como bailarinas espanholas; e se cavalheiros queriam invadir a cena – aquilo tinha de ser algo de mais profundo, inexorável e vital. *Perdoa-me por me traíres* forçara na platéia um pavoroso fluxo de consciência. E eu posso dizer, sem nenhuma pose, que, para a minha sensibilidade autoral, a verdadeira apoteose é a vaia. Dias depois, um repórter veio entrevistar-me: – 'Você se considera realizado?' Respondi-lhe: 'Sou um fracassado'. O repórter riu, porque todas as respostas sérias parecem engraçadíssimas. Tive de explicar-lhe que o único sujeito realizado é o Napoleão de hospício, que não terá nem Waterloo nem Santa Helena. Mas confesso que, ao ser vaiado, em pleno Municipal, fui, por um momento fulminante e eterno, um dramaturgo realizado, da cabeça aos sapatos."

Nelson não analisa o "pavoroso fluxo de consciência" desencadeado no público pelo espetáculo. A tarefa, sem dúvida, não era sua, mas da crítica. Seria o horror de enfrentar a própria verdade a causa da indignação da platéia? O texto promove, de fato, um desmascaramento, recusando todos os postulados convencionais da ética, o que incomoda os bem-pensantes.

As *Memórias*, em prosa antológica, evocam a loura, louríssima, tordilha, a única infiel das redondezas da casa em que o dramaturgo viveu na infância. O marido traído era ourives. O amante, também ourives, segundo descobriram ou inventaram. Na aparência, o marido "era cada vez mais amigo da infiel, mais solidário, mais compadecido". Até que ela se matou. "Uma das comadres jurou que o próprio marido a obrigara a tomar o veneno". Diz Nelson que, na hora de sair o caixão, ele "pôs-se a bramar: – 'Canalha! canalha!' Como canalha não tem sexo, pensou que acusava a mulher. Mas logo se viu que o canalha era ele mesmo. E, de fato, o ourives promovia, ali, uma autoflagelação ululante".

Conclui o capítulo: "Vem assim dos meus sete anos casimirianos toda a minha compaixão pela infiel. É um sentimento que sobe, que se irradia de não sei que profundezas. Muito mais tarde, já homem feito, escrevi um drama cujas raízes estão cravadas na rua Alegre: – *Perdoa-me por me traíres*. Um dos personagens da peça, num arranco de *staretz* Zózimo, cai aos pés de uma adúltera e beija-lhe os sapatos. Eis o que aprendi em Aldeia Campista: – não se chama uma adúltera de adúltera, jamais".

Não se pode afirmar que a história da loura seja o tema central de *Perdoa-me por me traíres*, embora tenha sugerido inclusive o belíssimo título, de delicadeza moral digna de Dostoiévski. Talvez para marcar-lhe o tom evocativo, ligado às reminiscências infantis, o dramaturgo situou-o no plano do passado, enquanto a ação presente, por ele nutrido, toma outro rumo.

O plano da atualidade tem uma progressão rapidíssima, dentro das clássicas 24 horas do texto de estrutura rigorosa. Segundo as normas do tempo, são três os atos, mas sem o papel tradicional da apresentação, desenvolvimento e desfecho de um conflito. Nelson subverte essa norma, ao fazer da maior parte do segundo ato um longo *flashback*, explicativo dos antecedentes da história. O recuo ao passado não esclarece apenas o presente, porém: tem tanta força, que superpõe uma realidade a outra, permitindo que as duas se contraponham e se confrontem, dando sentido diferente aos episódios atuais.

Justificando o gênero "tragédia de costumes", adotado na publicação, o primeiro ato mostra Nair e Glorinha, vestidas de colegiais, na porta de Madame Luba, caftina lituana, proprietária de uma casa freqüentada por deputados e por meninas de 16 e 17 anos, e até de 14. Não que Nelson pretendesse desmoralizar o Legislativo, por uma incoercível inclinação autoritária. Seu propósito era, antes, o de associar o Poder à satisfação dos desejos sexuais menos disciplinados e, naquele momento, os parlamentares dispunham da faculdade sobretudo de empregar protegidos em Institutos.

A peça pinta um quadro realista do ambiente: a caftina falando com sotaque e erros gramaticais (tradição brasileira), o empregado homossexual, respondendo pelo sugestivo nome de Pola Negri, e o deputado Dr. Jubileu de Almeida, buscando a satisfação solitária na presença de Glorinha, que acendia seu imaginário apetite. A menina, tímida e curiosa, está ali pela primeira vez, e o deputado atinge o máximo da tensão dizendo um ponto de Física.

A cena é de incômodo grotesco, nesse descompasso entre experiências opostas. Para Glorinha, a revelação do sexo por meio de uma baixa manifestação; e o velho preso a um simulacro de desejo, alimentando-o pela fantasia alucinada e absurda. O episódio ganha dimensão clara de desmascaramento quando o deputado invoca os seus antecedentes – os jornais o chamam de reserva moral, é professor catedrático, os avós da mulher são barões.

A iniciação de Glorinha não se completa aí. Dessa experiência traumatizante ela passa ao consultório de um "fazedor de anjos", para acompanhar a colega Nair, que está grávida. Na sala de espera do consultório, "mocinhas escuras e apavoradas, que parecem criadas domésticas" – outra pintura realista de ambiente. O médico aparece, chupando tangerina e cuspindo os caroços. E logo se vê a mesquinharia de Madame Luba: ela autorizara o aborto, sem anestesia.

O quadro do aborto, que fecha o primeiro ato, guarda um vigoroso realismo. Nelson cria tal tensão que se percebe sem demora que o médico errou. Falta água, a enfermeira atrita-se com o clínico (uma simples réplica, "Aqui me chame de doutor, percebeu?", denuncia um caso entre eles), numa inconsciência absoluta de seu papel ele não acha justo sujar-se por causa de uma prostitutazinha, teme o escândalo ("com que cara vou aparecer perante a besta do meu sogro, que é metido a Caxias?"), sabe que não adianta gaze, nem Pronto Socorro, nada, e impõe que a enfermeira reze. Em achado revelador, enquanto o médico soluça, a enfermeira canta um ponto espírita.

Vítima da fatalidade, a solitária Nair não quer morrer sozinha. Numa intuição psicológica perfeita, Nelson faz que Nair, provavelmente marcada pela brutalidade masculina no bordel, se volte para o anseio homossexual. Associado a antigos vetos morais, Nair manifesta-o com a proposta de um pacto de morte, que tem o encanto da libertação poética. "O que mete medo na morte é que cada um morre só, não é?" A aparente morbidez tem nesse caso a excusa da inaceitação de uma melancólica realidade.

E Nelson já ensaia um motivo, que desencadeará a tragédia de *Beijo no asfalto*. Nair pede a Glorinha, como o atropelado pedirá a Arandir: "... E se eu morrer, quero que tu me beijes, apenas isso: quero ser beijada, um beijo sem maldade, mas que seja beijo!" A solidariedade, no instante da morte, redimiria a existência escura.

Abre-se o segundo ato na casa de tio Raul, com quem Glorinha vive, desde os dois anos, quando – se diz – a mãe se matou e o pai, por desgosto, enlouqueceu. Em cena, a figura patética de tia Odete, mulher de Raul, mais uma louca da galeria de Nelson (desde a doida pacífica D. Aninha, de *A mulher sem pecado*), que não senta nunca e fala esporadicamente uma única frase: "Está na hora da homeopatia!" Cristina e Ceci, colegas de Glorinha, chegam à casa, para que o espectador receba as informações necessárias, antes da entrada abrupta de Tio Raul, que pela primeira vez dormiu fora. A revelação inicial das colegas: Nair desapareceu.

A chegada de tio Raul, ciente de todos os acontecimentos ocorridos na véspera, traz o conflito para os seus protagonistas reais. Nelson não se preocupa em fundamentar por que tio Raul foi acionado na questão de Nair, mas esse dado era imprescindível para que ele interpelasse Glorinha. E a súbita certeza de que a sobrinha não era inocente autoriza as suas confidências, longamente represadas.

Tio Raul conta a Glorinha que sua mãe, Judite, não se matou. Ele obrigou-a a tomar veneno. E cinco sextos do espaço do segundo ato são tomados para a reconstituição das reminiscências. Ao invés de narrar o passado, o que prejudicaria a teatralidade, as personagens o vivem, como se estivessem no presente, interrompendo-se o fluxo evocativo apenas para rápidos comentários de tio Raul no plano atual.

O plano da memória permite que se selecionem os episódios essenciais, relacionados à verdade que Raul pretende transmitir. O irmão Gilberto e Judite viveram dois anos de lua de mel, tomando juntos banhos diários. Um dia a cunhada telefonou-lhe, para pedir que a socorresse. Os diálogos que Raul presencia lhe dão uma péssima impressão e a certeza de que os dois se equivalem, no juízo negativo. Gilberto não quer psicanálise: precisa de um lugar em que possa gritar, onde seja materialmente amarrado. O pensamento incomoda-o – a solução é internar-se.

Ao deixar o sanatório, seis meses depois, Gilberto deseja fazer uma surpresa e é surpreendido pela mulher, pronta para sair, com a desculpa frágil de que está cumprindo uma promessa. Não demora para a família fechar o cerco sobre Gilberto, quando Raul lhe revela que Judite o trai. Tem nome, endereço, detalhes de alcova (o amante gosta que ela diga pornografias), exigindo o castigo da adúltera.

Nesse ponto Nelson introduz na trama todo o sentido que pretende extrair de *Perdoa-me por me traíres*. Ele veio sendo preparado através das revelações paulatinas de Gilberto. Primeiro, ele diz ao irmão porque enloquecemos: "Porque não amamos!" Curou-o não a malarioterapia, e sim a vontade de viver para amar. Não se dá importância ao beijo na boca: "E, no entanto, vê se eu tenho razão (*com grave ternura*), o verdadeiro defloramento é o primeiro beijo na boca". Gilberto não acredita em provas e fatos, mas na criatura nua e só.

"A adúltera é mais pura porque está salva do desejo que apodrecia nela" – eis um aparente paradoxo dito por Gilberto, que traz à tona estranha verdade. O desejo não realizado apodrece a pessoa, destrói-a subjetivamente. Realizado o desejo, a adúltera está purificada, não tem a queimá-la o pensamento insatisfeito. Gilberto completa o raciocínio: "...chego aqui e vejo o quê? Que ninguém ama ninguém, que ninguém sabe amar ninguém. Então é preciso trair sempre, na esperança do amor impossível. Tudo é falta de amor: um câncer no seio ou um simples eczema é o amor não possuído!"

Gilberto afirma que Judite não é culpada de nada. Ele é o culpado de ser traído. Ele, o canalha. E, no ímpeto de personagem dostoievskiana, atira-se aos pés de Judite, para dizer a frase que dá título à peça: "Perdoa-me por me traíres!" Numa análise superficial, a atitude do marido pareceria loucura, reclamando uma segunda internação. Está claro que o seu excesso subentende um enraizado sentimento de culpa, quase sinônimo da vaidade de se julgar responsável pelos dramas do mundo. A confissão de Gilberto, contudo, nasce também daquela sensibilidade superior de reconhecer as próprias falhas, de achar que não correspondeu à expectativa da mulher. Se ele fosse um homem perfeito, infalível, por certo Judite prescindiria de outro. Nelson coloca o desencontro dos casais à conta da fragilidade do ser humano, tão desamparado. O herói rodriguiano, ao invés de punir no outro a sua frustração, deseja ser perdoado, por não ser o homem absoluto.

Os motivos de Judite se prendem àquele bovarismo que está no cerne do comportamento de Zulmira, de *A falecida*. Quando Raul a interpela, Judite se abre: "Um amante? Um só? Sabes de um e não sabes dos outros? (...) fui com muitos, fui com tantos! Já me entreguei até por um *bom-dia*! E outra coisa que tu não sabes: adoro meninos na idade das espinhas!" (a mesma inclinação de Madame Clessi, em *Vestido de noiva*.) Judite ainda diz, enigmaticamente, que se arrepende do marido e não dos amantes. Insatisfeita, toma o veneno que lhe dá o cunhado, ao encontro da possível libertação.

Com a morte de Judite, termina o segundo ato, e o terceiro pode voltar ao presente, propondo o confronto final entre Raul e Glorinha. O tio justifica para a sobrinha a razão de lhe ter contado a história da mãe: "Porque vocês duas se parecem como duas chamas e vão ter o mesmo destino". Aparentemente, Raul puniu o pecado de Judite, e agora quer punir o de Glorinha.

O diálogo é nervoso, cheio de sugestões e subterfúgios, contendo a cada momento impulsos contraditórios, em geral explosivos. Os protagonistas relutam em abrir-se, preferindo o recurso habitual da agressividade. Os motivos interiores são preponderantes e acabam por impor-se, em dolorosas confissões. Que fica de mais autêntico dessa luta sem tréguas do casal?

A primeira verdade, expressa por Raul: ele amava a cunhada (aqui, não mais duas irmãs apaixonadas pelo mesmo homem, como em *Vestido de noiva* e outras peças, mas dois irmãos amando a mesma mulher). Raul matou Judite, porque ela o repeliu. Esse dado a autocensura não permitiu que Raul externasse numa cena evocativa, trazendo-o à tona somente nesse acerto final de contas com a sobrinha. E, num ato falho comum, ele a chama pelo nome da mãe.

O consolo de Raul – beijou a cunhada na hora em que ela morria. Privilégio que não teve o marido, que não tiveram também os amantes. O crime oferece outro tema para meditação: em que medida quem ama destrói o objeto do seu amor. Raul obriga Judite a tomar veneno, enquanto Aprígio matará o genro Arandir, em *Beijo no asfalto*, por votar-lhe um amor homossexual.

Raul confessa uma segunda verdade: criou a sobrinha para ele. "Dia e noite, eu te criei para mim! Morre pensando que eu te criei para mim!" Quer que Glorinha beba o veneno, morrendo ao mesmo tempo que ele. Além da incidência do problema do incesto em sua dramaturgia, Nelson lembra, na peça, *Escola de mulheres*, de Molière, em que Arnolphe cria para si, desde menina, a jovem Ignès. E, em ambos os casos, o velho que cultiva a adolescente é logrado.

Verdadeiro herói expressionista, Raul cumpre uma trajetória até o aniquilamento. A vertigem será apaziguada na morte. A formação moral não lhe permitiria possuir a sobrinha. Ele confessa o amor quando tem certeza de que se punirá com o suicídio. Na última fala, Raul ainda pronuncia o nome de Judite, fundindo nessa exclamação a cunhada e a sobrinha.

Qual será o desfecho para Glorinha? A morte dela, seguida à de Raul, teria o vício condenável da melodramaticidade. Seus sentimentos, em relação ao tio, mantêm-se ambíguos até o final. Ora medo, ora esboço de carícia, ora insulto, ora confissão de amor – uma natural mistura de motivos, numa adolescente perplexa, marcada pela tragédia familiar. Nelson prefere, entre irônico e sádico, reservar-lhe outra forma de morte. Num desapreço pela sua personalidade, Glorinha telefona para o prostíbulo, avisando que não faltará ao compromisso assumido na véspera. Está traçado, em definitivo, seu triste destino.

Bonita réplica subjaz à fala final da peça. Tia Odete, que atravessara a ação inteira repetindo aquela frase: "Está na hora da homeopatia!", pousa a cabeça do agonizante Raul em seu regaço e exclama: "Meu amor!" Que a teria enloquecido? Em que momento do passado se dera a ruptura? Nelson manteve Tia Odete como um símbolo das criaturas que, frágeis diante da realidade, se refugiam no próprio mundo, defendidas das agressões. Num eco strindberguiano, na hora da morte do marido, ela pode enfim, com doçura nostálgica, indicada na rubrica, dizer que o ama.

As personagens secundárias estão pintadas em traços sintéticos e poucos diálogos as põem de pé. Embora exerçam, em geral, a função de fixar os costumes (teria Nelson se impressionado com a colocação de Pompeu de Sousa, ao considerar *A falecida*, peça anterior, comédia de costumes?), não se fecham numa característica única, empobrecedora. Madame Luba, por exemplo, ao lado da exploração das meninas, diz a Pola Negri: "Oh, há 15 dias eu sonhar, todo dia, com cavalinho de *carroussel*. Eu deita, fecha os olhos e é batata: só sonhar com cavalinhos de *carroussel*..." A mãe de Raul e Gilberto, que aparece apenas uma vez, para pedir contas à nora Judite da traição ao filho, comenta com ódio: "Como é limpa, como é cheirosa! Imagina tu que ela própria me disse que fazia higiene íntima três vezes por dia, se tem cabimento! Tanto asseio não havia de ser para o marido, duvido!" Porém recomenda a Raul, que se incumbe de resolver tudo: "Humilha, ofende, mas sem violência. Violência, não. Nada de bater".

Os dois irmãos de Gilberto e Raul, que completam o círculo familiar, desempenham papel semelhante ao dos irmãos de Zulmira, em *A falecida*. Enquanto um fala em bondade doentia de Gilberto, o outro comenta que "malarioterapia é troço superado". Um acha bonito Gilberto dizer que "Tudo é falta de amor", ao passo que o outro, por contraste, sentencia: "Que papagaiada!"

A linguagem, fiel à realidade, continua a incorporar a gíria e as expressões populares. Aqui, sem a mesma intensidade de *A Falecida*, cujos ambientes compreendiam o futebol, a sinuca e a agência funerária de quinta categoria. Nelson se compraz em quebrar confissões pungentes com o prosaísmo da presença cotidiana. Ao ouvir de Gilberto que "o verdadeiro defloramento é o primeiro beijo na boca", Judite pergunta quantos sanduíches devem ser preparados para a reunião familiar. Raul pede a Judite que traga um copo de água (no qual colocará o veneno), e ela, em irônica inconsciência, pergunta: "Mineral ou do filtro?"

O mundo de Nelson é, ainda uma vez, o da incompreensão, do desgarramento, da incomunicabilidade. Meninas de família, talvez não apenas pela paga, mas pela falta de rumo, freqüentam um bordel em que se tropeça em imunidades. Judite, ao invés de sensibilizar-se com a inédita delicadeza moral do marido ("Amar é ser fiel a quem nos trai!", "Não se abandona uma adúltera!"), acha que ele precisa ser internado de novo.

Perdoa-me por me traíres acrescenta uma diferente dimensão ética à dramaturgia de Nelson Rodrigues. E aprofunda o seu conhecimento da natureza humana.

OS SETE GATINHOS

Menos de três meses depois do escândalo de *Perdoa-me por me traíres*, Nelson Rodrigues revidou a antiga divergência que tinha da crítica em *Viúva, porém honesta*, estreada no Teatro São Jorge do Rio em 13 de setembro de 1957. Nessa casa de espetáculos, numa produção do irmão Milton Rodrigues, o dramaturgo lançou, com o intervalo de pouco mais de um ano, em 11 de dezembro de 1958, *Os sete gatinhos*, para a qual forjou o gênero da "divina comédia", paródia do título dantesco.

Impressiona-me no texto a reincidência do logro, como se a realidade ludibriasse permanentemente o homem. Zulmira, em *A falecida*, procurou compensar a doença, a pobreza e a frustração da vida inteira com o enterro de luxo. Aqui, Aurora, Arlete, Débora e Hilda aceitam prostituir-se e tentam sobreviver às humilhações, realizando-se na idéia de que Silene, a irmã caçula, terá enxoval rico e subirá ao altar de véu e grinalda. E se Zulmira é sepultada num pobre caixão, as irmãs sentem a inutilidade do sacrifício, não se justificando sua esperança. Projetaram em Silene a própria sede de pureza e a descoberta de que a irmã não é virgem as faz assumir a degradação e não recuar ante o crime. Mais uma peça que a vida prega em todo mundo.

Sem dúvida uma "tragédia carioca", situada numa família da baixa classe média, residindo no Grajaú, bairro da Zona Norte do Rio. "Seu" Noronha, o chefe da família, é contínuo da Câmara dos Deputados, e a função humilde contrasta com o poder que na época da estréia se atribuía aos parlamentares (o Legislativo Federal, como se sabe, transferiu-se também para Brasília, proclamada sede da República).

Nelson pinta a família com objetividade realista. A filha Aurora prostitui-se, mas, para manter as aparências, é funcionária de um Instituto (está claro que, se o serviço público pagasse bem, ela poderia cuidar do enxoval de Silene sem a necessidade da receita extraordinária). Arlete tem nojo de homem e se refugia no lesbianismo, para se sentir menos prostituta (veja a ótica dada ao problema do homossexualismo feminino, como revide à situação de mulher-objeto). Débora arranja mulher para velhos. Hilda, a mais silenciosa, é médium. Completa esse quadro patético a figura de Gorda, a mãe confinada numa existência imanente, que contrabalança o desinteresse sexual do marido enchendo as paredes do banheiro de palavras e desenhos obscenos. A infinita miséria da família é finalmente proclamada por Noronha: "Todos nós somos canalhas! (...) Sabe por que esta família ainda não apodreceu no meio da rua? Porque havia uma virgem por nós! O senhor não entendeu, ninguém entende. Mas, Silene era virgem por nós, anjo por nós, menina por nós!" Quando Silene desce do pedestal mítico, todos podem cheirar mal e apodrecer. Esse o estigma da espécie humana.

Silene, por verdadeira procuração, resumia tudo o que se conservava de belo na família. A dualidade bem-mal sustenta os comportamentos, sem primário maniqueísmo. Na senda do jansenista Racine, Nelson não vê salvação fora da graça. Nesse moralismo radical, o corpo torna-se antônimo da santidade. Daí, em todo o teatro rodriguiano, a explosão de taras, incestos, mortes violentas, que o exame superficial da Censura julgava nociva para o público.

O universo reduzido ao moralismo diminuiria o alcance desse teatro. Está fora de dúvida, contudo, que o radicalismo ético exacerba o processo criativo e aguça as intuições e as sondagens nas criaturas retratadas. A recusa da hipocrisia permite ao dramaturgo penetrar fundo na miséria humana. Tem-se vontade de concluir, por isso, que Nelson se torna grande ficcionista, não obstante o moralismo. Ou, por outra, o grande ficcionista que ele é rompe as comportas redutoras do moralismo, para oferecer uma imagem rica e reveladora da realidade.

Os exemplos da história literária aí estão, para mostrar que esse mecanismo vem de longa data. Os casos de um Balzac ou um

Dostoiévski foram antecedidos, de muitos séculos, no próprio teatro, pelo de Aristófanes, que, ao advogar o retorno à ordem antiga, denunciava as insuficiências do presente e permitia ver-se que a transformação total da realidade sanaria os males da vida ateniense. Aparentemente, Nelson se basta na crença de que a reforma ética redimirá a humanidade. Seu teatro, porém, debruçado sobre a verdade, agora nutrida do cotidiano, transcende as premissas discutíveis e fornece um corte profundo do homem e do meio em que ele vive.

As personagens caracterizam-se através de sínteses poéticas e não por meio de demoradas análises psicológicas, o que as aproxima de uma tendência expressiva na ficção moderna. Em rápidas pinceladas, todos ficam de pé no palco, sem o perigo de parecerem caricaturas. Nesse novo "álbum de família", os traços menos desenvolvidos em cada um são reforçados pela concentração do problema, comum a todos.

Na elaboração das personagens, o dramaturgo apela para signos carismáticos, num clima de fatalidade que se assemelharia ao das antigas tragédias. Não é apenas Débora que se confessa fatalista. Bibelot tem esse apelido porque acham que ele dá sorte com mulher, e usa revólver porque lhe disseram que seria assassinado por uma prostituta (de fato, Aurora o denuncia ao pai, para matá-lo, sabendo que ele desvirginou Silene). Aurora afirma que, desde menina, tem o carma da prostituição (está no sangue), como as outras irmãs. A sessão espírita equivale na peça, em termos populares brasileiros, ao que representam na tragédia grega os presságios, os adivinhos, a ornitomancia.

Essa visão determinista, de fundo espiritual, apequenaria no texto os condicionamentos sociais, sublinhando o conceito de um homem estático, marcado pelo destino, que se dilui, talvez contra a vontade consciente do autor, pelos seus dons autênticos de ficcionista. Nelson continua o realista que tem horror da realidade (as varizes e o suor azedo associam-se a Gorda), e daí sua exasperação na pintura dos caracteres, que sob tantos aspectos se aparenta ao procedimento do expressionismo.

A angústia existencial exprime-se num sentimento de culpabilidade, que reclama a todo instante a autopunição. Aurora, logo que se entrega a Bibelot, pede que ele a xingue, que lhe dê na cara. O Dr. Bordalo, antes de subir para o quarto de Silene (é o médico que a viu nascer), quer que Aurora lhe cuspa no rosto. Como tem uma filha da mesma idade de Silene, sente que praticou um incesto por transferência, e acaba por enforcar-se, não sem escrever antes um bilhete, em que a proíbe de beijá-lo no caixão. Num masoquismo que lhe propicia humilhação libertadora, Noronha deseja que o Dr. Portela, naquele instante seu antagonista, o chame de contínuo. O próprio título *Os sete gatinhos* está carregado do sentido de "crime e castigo", presente em todas as psicologias. Para Aurora, Silene fala no amor pelo homem que a engravidou (Bibelot) e, sobre o romance que tiveram, iniciativa do seu temperamento livre e não submisso à conquista masculina. No colégio, porém, Silene matou a pauladas a gata prenha, pelo nojo que lhe inspirava o ato sexual. A golfada de vida dos sete gatinhos, nascidos da gata morta, é uma resposta irônica à punição da sexualidade.

Para o dramaturgo, a única salvação possível do homem está no amor, sentimento que o absolve do exílio terrestre. Quase no desfecho, quando Aurora tem certeza de que ela e Silene almejam Bibelot, homem "vestido de virgem" (ele usava terno branco todo o tempo), sente que ainda poderia poupá-lo, se recebesse uma confissão de amor. Bibelot deixa claro, contudo, sem saber que as duas são irmãs, que se casaria, ao ficar viúvo, com o "broto", enquanto Aurora seria a "mulher da zona". A ironia trágica, guardando aí uma secreta reminiscência de *Édipo-Rei*, identifica em Bibelot, que Aurora desejaria utilizar como assassino do sedutor de Silene, esse mesmo sedutor que será assassinado. A ausência de amor, simbolizada na queda da última virgem (a montagem paulista, dirigida por Jô Soares, em 1969, recebeu o título de *A última virgem*), levaria à punição mais grave para a família, que é a transformação da casa num "bordel de filhas".

Em *Os sete gatinhos*, Nelson retoma o tema do amor de duas irmãs pelo mesmo homem sob ângulo diverso, talvez mais expressivo. Nas outras peças, a disputa é consciente – as rivais cobiçam a vitória, ciosas de seu gosto semelhante. Haveria também o problema da auto-afirmação, ao sentirem-se o alvo da preferência masculina. Aqui, o elo de Aurora e Silene com Bibelot e dele com as duas irmãs vem de uma fatalização profunda, porque inconsciente. Nenhum dos protagonistas do triângulo amoroso conhece a mútua identidade, tornando inapelável, assim, a inclinação. As implicações incestuosas têm raízes, verdadeiramente, nas fantasias da inconsciência, e não apenas numa rivalidade familiar.

O gênero "divina comédia" sugere a ambigüidade do procedimento habitual do dramaturgo, com integração de humorismo e patético, elementos trágicos e cômicos, para chegar a um misto de irrisão e desespero. O achado imprevisto é uma deliciosa intuição do absurdo, estimulando com rara eficácia o espectador. Aurora conta que o pai virou teofilista e, por causa da religião, não admite papel higiênico ("acha papel higiênico um luxo, uma heresia, sei lá!). Noronha afirma que soube de fonte limpa porque as filhas são umas perdidas: "O Dr. Barbosa Coutinho! O Dr. Barbosa Coutinho, que morreu em 1872, é um espírito de luz! Foi o médico de D. Pedro II e o melhor vocês não sabem: os versos de D. Pedro II não são de D. Pedro II. Quem escreveu a maioria foi o Dr. Barbosa Coutinho. D. Pedro II apenas assinava". Na sessão espírita, Hilda "recebe" o primo Alípio, falecido recentemente, provocando o seguinte comentário de Noronha: "O diabo é que foi receber logo o primo Alípio, que não se dava comigo..." "Seu" Saul, dono de uma loja, fala num cômico sotaque estrangeiro, definindo-se pelo simples vício de desejar a companhia feminina: "Meu filha, não precisa se assustar. Velho não ter sexo!" Mais tarde, ele se explica: "Eu ser ferido de guerra, do guerra do Kaiser, do Primeiro Grande Guerra!" Muitas réplicas e situações confirmam a graça não convencional de Nelson Rodrigues.

Não se pense, contudo, que o dramaturgo se valeu do espiritismo pelos achados cômicos introduzidos no diálogo. Os imprevistos que ele suscita favorecem, evidentemente, a comicidade. O espiritismo é, na peça, sobretudo, componente definidor da vida brasileira, crença tão difundida quanto a católica e, na maioria das vezes, com ela coexistindo. A força do espiritismo é tão palpável, em *Os sete gatinhos*, que Hilda, depois de berrar para as irmãs que larguem o pai, chamando-as de assassinas, cai em transe mediúnico e recebe o primo Alípio. E ela, com voz de homem, diz a última réplica, dando a aprovação do sobrenatural ao assassínio que se consuma: "Mata, sim, mata velho safado! Mata e enterra o velho e a lágrima no quintal! Velho safado!" (Na montagem de *Nelson Rodrigues, o eterno retorno*, em que se incluem também as peças *Toda nudez será castigada*, *Beijo no asfalto* e *Álbum de família*, o diretor Antunes Filho fez que, em *Os sete gatinhos*, o Dr. Barbosa Coutinho e o primo Alípio, apenas mencionados no texto, se materializassem cenicamente.)

O primeiro quadro tem função de prólogo e Nelson mostra desprezar tranqüilamente os limites físicos do teatro. Aurora e Bibelot, em seu segundo encontro, numa esquina, refletem no diálogo a concisão habitual do dramaturgo, até que decidem tomar um táxi. Nos moldes de *A falecida*, duas cadeiras, colocadas de frente para a platéia, representam o veículo. A rubrica diz que "os dois procuram sugerir o movimento do automóvel: carregam as cadeiras como se o táxi dobrasse esquinas, tirasse finas ou corresse em ziguezague". Chegado à rua Barata Ribeiro, em Copacabana, o casal entra num edifício e pára numa suposta escada. Caminha circularmente pelo palco, num gesto de escalada dos dois andares. E entra no apartamento.

A descrição do dramaturgo se estende ao "breve e desesperador *ballet* do ato amoroso. Simbolicamente, os dois estão se despindo. Arrancam de si roupas imaginárias. (...) Para todos os efeitos, arrancaram todas as roupas. Devem estar nus. (...) Então, à distância, sem se tocarem, vivem o bárbaro desejo". Do ponto de vista cenográfico, a seqüência observa mais a técnica do cinema que a do teatro tradicional, em que pelo menos um quadro se confina num mesmo espaço, enquanto Aurora e Bibelot se deslocam até Copacabana e atingem um apartamento, que não é térreo. Quanto à indumentária, sacrifica-se o realismo do ato sexual, processado todo de forma simbólica, sem que, porém, se suprima o erotismo. A partir do segundo quadro do primeiro ato, o cenário passa a ser a casa de "seu" Noronha, situada, realisticamente, numa rua que faz esquina com o Boulevard 28 de Setembro. Nem o pormenor do nome da via pública é descurado pelo dramaturgo.

Paulo Mendes Campos, no prefácio da peça, incluído na edição do *Teatro quase completo*, depois de considerá-la a melhor de Nelson Rodrigues, associando-lhe a validade à "extraordinária construção dramática de um poema", escolhe entre as vozes que falam em *Os sete gatinhos* um centro de gravidade que o atrai e interessa mais: a "dimensão realista – a pobreza que estiola e prostitui famílias das classes inferiores.(...) Nessa ordem de idéias, o fulcro da peça pode ser o momento em que uma das filhas do velho Noronha atira-lhe ao rosto o insulto ignominioso: Contínuo! Dentro do contexto, essa simples palavra resume toda a dimensão social de *Os sete gatinhos*".

Sem o propósito de realizar uma análise de caráter social ou de fundo sociológico, Nelson mostra o substrato da ordem capitalista como condicionante da miséria ética e financeira daquela família. Sua tendência, de fato, é a de unir esses dados transitórios e removíveis a uma falha intrínseca da natureza humana – marca nascida de destinos insondáveis. Tanto assim que, apelando para o mundo mágico, o dramaturgo associa todos os males ao homem que chora por um olho só, figura mítica, distinta da normalidade dos outros mortais. E, após o sacrifício de Bibelot, tomado erroneamente por esse homem, descobre-se que ele é o "seu" Noronha, o chefe da família.

Há um significado simbólico terrível nessa descoberta. É o criador o responsável pela perdição de suas criaturas. Verdadeira alegoria mitológica, "seu" Noronha constrói o mundo (o mundo particular de sua família) e o destrói. Deus que fez o homem e se compraz em decretar-lhe a finitude. Não se pode esquecer, também, que se a trajetória de Édipo já permeara a de Bibelot (ele vingaria a família contra o sedutor de Silene, quando se sabe que a sedução fora de sua responsabilidade), o mito se associa, com maior ênfase, ao próprio "seu" Noronha.

Se Édipo, destruindo a Esfinge, deu vida a Tebas, o assassínio do pai e o casamento com a mãe provocaram a peste que assola a cidade, e só a punição extirpará os males, "Seu" Noronha gerou aquela família mas, ao mesmo tempo, perde-a, impondo-se o seu sacrifício ritualístico. O crime, a morte acabam por instaurar o caos.

Em *Os sete gatinhos*, fica patente a presença de um fenômeno que levou o diretor Antunes Filho e o Grupo de Teatro Macunaíma a encenarem *Nelson Rodrigues o eterno retorno* sob a égide de *O mito do eterno retorno*, de Mircea Eliade: após o caos, a orgia, o aniquilamento, a morte – uma nova vida. Assim como a gata sacrificada deu à luz sete gatinhos, Silene guardou no ventre um germe que frutificará em seiva humana. A destruição do mundo, simbolizada no desfecho, mal esconde um nascimento que se anuncia.

BOCA DE OURO

Boca de ouro me devolve a reminiscências pessoais, que tenho o despudor de evocar, porque se prendem ao juízo sobre a peça. Nelson escreveu-a em 1959 e Ziembinski, tão ligado à sua dramaturgia, cogitou de encená-la em São Paulo. A Censura, então estadual, tratou de impedir a estréia, o que se tornara hábito para o autor. Acionamos a costumeira máquina de protestos dos intelectuais e o Governo aquiesceu em nomear uma comissão, que reveria o veredicto policial. Ziembinski leu o texto, ostentando a condecoração da Ordem do Cruzeiro do Sul. Concluindo, por maioria de votos, pelo absurdo do ato proibitório, a comissão levou as autoridades a liberarem o espetáculo.

Ziembinski lançou *Boca de ouro* no dia 13 de outubro de 1960 no Teatro Federação, depois denominado Cacilda Becker. Nem a publicidade suplementar propiciada pela celeuma que se criou em torno da interdição ajudou a carreira da montagem. Certamente houve motivos secundários, mas a razão principal do relativo malogro se deveu ao desempenho de Ziembinski no papel-título. Bicheiro cafajeste da Zona Norte do Rio, era difícil para o espectador brasileiro identificá-lo na figura de Ziembinski, preso ao sotaque polonês. *Boca de ouro* encontrou sua dimensão natural no espetáculo do Teatro Nacional de Comédia, elenco do Serviço Nacional de Teatro, órgão do Ministério da Educação e Cultura, estreado no dia 20 de janeiro de 1961. Milton Moraes restituia a personagem às características da vida suburbana carioca. O conjunto percorreu o Nordeste e o Norte do País, e *Boca de ouro* constituiu-se o maior êxito do repertório.

Um comentário que publiquei na ocasião da estréia paulista relacionava o processo de *Boca de ouro* ao de Pirandello, que Nelson, aliás, admirava, em grau inferior apenas a O'Neill. Embora a referência visasse a sublinhar a originalidade do procedimento da peça brasileira, a simples menção ao autor italiano bastou para indignar Nelson. Para ele era "burrice" associar *Boca de ouro* a Pirandello. Talvez Nelson ainda ecoasse o protesto íntimo contra a aproximação que se fez entre *Vestido de noiva* e *Seis personagens à procura de um autor*, que efetivamente não me parecem autorizar nenhum parentesco. A verdade é que a criação rodriguiana acrescenta uma perspectiva sutil à sondagem subjetiva do autor de *Assim é, se lhes parece*.

Obsessivo na expressão de seu mundo, Nelson traz para *Boca de ouro*, em primeiro lugar, alguns elementos existentes em *Vestido de noiva*. Ali, a realidade tem o objetivo primordial de situar os episódios: a ação dramática existe como projeção exterior da mente de Alaíde, a acidentada que morrerá. O público fica informado dessa aventura da subjetividade a partir da comunicação do acidente ao jornal e, depois, ao ouvir a manchete gritada pelos jornaleiros.

Em *Boca de ouro*, acontece algo semelhante. A primeira cena, que preenche a função de prólogo, transcorre na realidade. Um indivíduo, de dentes perfeitos, senta-se na cadeira de um catedrático de Odontologia, e exige que ele os substitua por uma dentadura de ouro. De nada adiantam os argumentos do dentista: serviço imperfeito, mau gosto, desacato. O medo e a quantidade de dinheiro convencem o facultativo a satisfazer o estranho desejo do cliente. Está fabricado o nome Boca de Ouro.

Corta-se a cena e passa-se à redação de *O sol*, quando o secretário recebe a notícia telefônica do assassínio de Boca de Ouro, rei do jogo do bicho em Madureira. O rápido diálogo retoma a crítica do dramaturgo à imprensa. Na véspera, o jornal havia elogiado o bicheiro, mas agora, morto, poderia ser outra a posição. Naquele momento, a "besta do diretor", Dr. Pontual, está na casa da amante, e o secretário o aciona com servilismo idêntico ao descrito em *Viúva, porém honesta*. O diretor resume o juízo definitivo sobre Boca de Ouro: cancro social. *O sol*, sensacionalista, vai "espinafrar" o bicheiro, em furo de reportagem, entrevistando D. Guigui, sua ex-amante, por ele abandonada.

O repórter Caveirinha e um fotógrafo chegam à casa de D. Guigui, em Lins de Vasconcelos. Ressentida pelo abandono e desconhecendo que Boca de Ouro morreu, ela diz que viveu com "esse cachorro", mas duvida que publiquem a matéria: jornalistas e políticos são por ele subornados. D. Guigui diz saber de uns vinte crimes de Boca: "todo o crime misterioso, que não se descobre o assassino, é batata! – foi o 'Boca de Ouro'..." E se lembra de um, que passa a narrar a Caveirinha. O *flashback*, a matéria dramática da peça, configurando a personalidade de Boca de Ouro, será a projeção exterior da mente de D. Guigui.

Nelson usa das mesmas liberdades de *Vestido de noiva*, onde a presença de Madame Clessi não poderia figurar no plano da memória, reservado à reconstituição do passado de Alaíde. A primeira narrativa de D. Guigui refere-se a uma cena do lar suburbano de Celeste e Leleco, certamente não testemunhada por ela. Do convívio com as personagens, ela poderia ter deduzido o que houve nesse episódio da vida conjugal, necessário para que se introduzisse *Boca de ouro* na história.

O quase flagrante de Celeste e Leleco lembra a situação de Zulmira e Tuninho em *A falecida*, peça com a qual *Boca de ouro* revelará afinidades profundas. Leleco foi despedido do emprego, porque o patrão não ia com a cara dele (Tuninho também surge desempregado). Nelson, torcedor do Fluminense, caçoa de uma fama do clube carioca: o patrão acha que torcedor do Fluminense não é homem... Dinheiro da indenização não há, porque Leleco foi o agressor. E, se a mãe de Celeste morrer, será preciso que os vizinhos façam uma subscrição. Celeste exprime uma característica bovarista, encontrável na personalidade de Zulmira: "... sou uma fracassada! Eu nasci para ter dinheiro às pampas e quedê? Não tolero andar de lotação e..."

Nova cena tem lugar na casa de Boca de Ouro, presente D. Guigui. A rubrica registra que a evocação "tem um sentido único e taxativo: degradar 'Boca de Ouro', física e moralmente. O banqueiro de bicho aparece de uma maneira monstruosa". Nesse quadro, surge Leleco, para pedir a Boca de Ouro o dinheiro emprestado para o enterro da sogra. A circunstância adversa não comove o bicheiro. Depois de dizer que não vê sentido no empréstimo, ele se dispõe a dar uma quantia muito maior, desde que Celeste venha buscá-la. Não há nenhuma sutileza na compra pretendida da mulher. Boca de Ouro exibe o poder do dinheiro e provoca Leleco, exigindo que ele ordene a Celeste entrar em seu quarto. Ainda assim, quando Leleco está certo de que receberá a importância, o bicheiro diz que não lhe dará um tostão.

Leleco desperta, então, a ira fulminante de Boca de Ouro, ao mencionar seu nascimento numa pia de gafieira. A origem humílima, vexatória até, para os padrões de uma sociedade que se orgulha do próprio berço, revolve as entranhas do bicheiro. A rubrica informa que ele se transfigura por uma dor sincera. E, como Leleco tocou em sua mãe, Boca de Ouro o mata a golpes de coronhadas. Conclui o primeiro ato a imagem do crime, depois de ter sido laboriosamente construída a crueldade de Boca de Ouro.

O segundo ato se abre sobre os comentários finais de D. Guigui a propósito do assassínio. Nelson utiliza uma redundância saborosa: "A cara (de Leleco) entrou pra dentro!" Caveirinha não entende por que Boca matou Leleco, se lhe tinha tomado a mulher. D. Guigui, com sabedoria intuitiva, mostra o âmago da questão, por sinal tão brasileira: a ofensa à mãe do bicheiro. Ele, quando bebe, foge da realidade e a chama de "A virgem de ouro!". O que não impede D. Guigui de acrescentar que era uma vagabunda, "de apanhar homem na esquina".

Outra observação curiosa do dramaturgo, conhecendo-se suas posições políticas: ao descobrirem o cadáver de Leleco nas matas da Tijuca, puseram a culpa nos comunistas. Caveirinha tem a lembrança, compreensível num jornalista, e D. Guigui a confirma: "Isso! Os comunistas levaram a fama!" Está aí uma crítica ao sistema, que fez da esquerda bode expiatório. Nelson, anticomunista ferrenho, não teve dúvida em endossar dramaticamente uma evidência, reconhecida pelos bem-intencionados.

Agenor intervém na narrativa, lembrando que Boca de Ouro lhe havia tomado D. Guigui. Embora casada "na igreja, com véu, grinalda e outros bichos", e mãe de três filhos, D. Guigui deixou o marido por Boca de Ouro. Quando o bicheiro a abandonou, um ano depois, Agenor aceitou-a de volta, por causa dos filhos. Agora, publicada a reportagem, ele se considera morto: Boca de Ouro lhe dará um tiro.

Essa é a oportunidade para Caveirinha dizer que o banqueiro do bicho não matará ninguém – está morto. A revelação alucina D. Guigui: "Morreu o meu amor! morreu o meu amor!" Diante da morte, desaparece o ressentimento, e aflora a paixão longamente humilhada e reprimida. A rubrica anota o desespero de D. Guigui: "essa dor dos subúrbios – dor quase cômica pelo exagero". Agenor, tranqüilizado pela notícia da morte, afiança que Boca nunca foi homem, "só andava com capanga". D. Guigui replica que o marido é que não é homem e, se falar de Boca de Ouro, lhe bebe o sangue.

Um "dinheirinho por fora, pra uma cervejinha", D. Guigui promete ao repórter, para ele não publicar a entrevista. Ela não se peja de explicar a primeira versão: "Eu contei aquilo porque, você sabe como é mulher... Mulher com dor de cotovelo é um caso sério! Escuta, mulher não presta, é um bicho ruim, danado, bicho danado!" D. Guigui lamenta ter voltado para a companhia do marido, quando deveria ter caído na zona, e começa a retificar o depoimento anterior, admitindo que Boca de Ouro "tinha, até, uma pinta lorde".

Ela começa por citar Leleco, mas o *flashback*, de que D. Guigui não participou, coloca o bicheiro em cena ao lado de um negro. Sem outras considerações, a rubrica registra o "evidente desprezo racial, do branco pelo homem de cor". Surge, aos poucos, outra personalidade de Boca de Ouro. O Preto alude ao comentário do povo, segundo o qual o bicheiro paga o caixão dos pobres. Boca nunca soube quem foi a mãe: "Por isso, diziam que eu não nasci de mulher..." (Um elemento mítico na própria origem do protagonista...) O Preto, sim, a viu. E enumera suas características. A primeira: alegre. As seguintes, repetindo, aliás, constantes de várias personagens, mostram a crueza da realidade: gorda, teve bexiga e suava muito.

Ao invés da Virgem de Ouro, a presença prosaica, por certo desagradável. Na obsessão de Nelson pela morte, o Negro, depois de receber uma cédula, pede a Boca de Ouro que lhe pague um "caixão legal"... Até ele, na sua humildade, almeja um enterro digno.

Reconstitui-se a cena entre Leleco e Celeste. Se a do primeiro ato não colocava nenhuma nuvem entre o casal, a fim de ressaltar a maldade de Boca, a do segundo altera os dados objetivos. Leleco viu a mulher num táxi, em Copacabana, em companhia de um homem de 50 anos, careca e barrigudo. Celeste "não pode ter amor por esse velho. É dinheiro". A mulher, no seu ingênuo e delicioso bovarismo, nega receber qualquer coisa do amante. Nutre-a outro alimento: "Esse senhor prometeu que me levaria à Europa para ver a Grace Kelly!"

Leleco informa que saiu do emprego, não quer trabalhar mais e pretende tomar dinheiro desse amante rico. Segundo Celeste, não será possível, porque eles brigaram. Nelson introduz outro elemento, que aparecia em Zulmira: "Você não diz que eu sou fria? Ele também me acha fria e hoje..." Então, Leleco planeja achacar Boca de Ouro. O pretexto seria o pagamento do enterro da mãe de Celeste. Como se vê, o bicheiro começa por ser simplesmente vítima da maquinação sórdida de Leleco.

A rubrica observa que, na visita de Celeste a Boca de Ouro, sua figura "aparece retificada, retocada, transfigurada". Celeste diz que, menina, viu o bicheiro matar um homem, debaixo de sua janela. Mas trata-se de episódio do passado. Agora, D. Guigui anuncia que uma comissão de grã-finas vem falar com Boca de Ouro. Pertencem elas a uma "Campanha Pró-Filhos dos Cancerosos". Na nova imagem de generosidade, o bicheiro quer logo apanhar o talão de cheque. A intenção das gras-finas, na sua "cintilante frivolidade" é a de se insinuarem junto a ele. Nelson aproveita outros elementos míticos na pintura de Boca de Ouro: a história do caixão "parece coisa de um deus asteca", ele é um tipo meio neo-realista, que o De Sica ia adorar, a *Luta democrática* chama-o de "Drácula de Madureira".

O diálogo continuaria em clima de alegre inconseqüência, se as grã-finas, na sua malévola curiosidade, não fizessem menção ao nascimento na pia de gafieira. As rubricas sublinham o choque de

Boca de Ouro: "seu riso é um ricto de choro" e, ao dar murros no próprio peito, "parece desafiar o mundo". A humilhação desperta no bicheiro o desejo de vingança. Ele vai açulá-las na vaidade e na paixão pelo dinheiro. Tira da gaveta um riquíssimo colar de pérolas, troféu de inusitado concurso. A vencedora é a dona dos "peitinhos mais bonitos".

O dramaturgo não tem complacência com a leviandade das grã-finas. A primeira, que se submeteu a operação plástica, justifica a aquiescência: "Meu marido, depois que fez psicanálise, acha tudo natural!" Celeste quer disputar também o colar, ao que Boca replica: "Mulher que mostra os peitos, não tem vergonha!" Mas Celeste insiste e Boca de Ouro lhe dá a vitória. A primeira grã-fina acha o resultado "marmelada", mas Boca de Ouro sustenta sua pretensa superioridade, dizendo que acaba de abolir o tratamento de senhora e nasceu numa pia de gafieira "com muita honra". Celeste expulsa as grã-finas em termos vulgares: "Rua! Rua! Suas galinhas!"

Esse intermédio ilustra a imagem de Boca de Ouro no papel de vítima da frívola crueldade alheia. As grã-finas é que são más, tocando em sua ferida dolorosa. Ele procurou simplesmente vingar-se do sofrimento, embora a afronta não as atinja. A cena final do segundo ato nem o apresenta como assassino de Leleco. A situação se passa diversamente do primeiro. Leleco entra na sala, dizendo à esposa que veio perdoá-la. Iria prostituí-la, sendo ciumento? Celeste se declara agora mulher de Boca de Ouro. Leleco puxa o revólver para ele, mas Celeste apunhala o marido pelas costas. É evidente que a nova versão de D. Guigui absolve o bicheiro de todos os pecados. Antes de baixar o pano, ele ainda exclama: "Estou juntando ouro, ouro, pra meu caixão..."

A rubrica inicial do terceiro ato atesta a consciência do dramaturgo sobre os seus objetivos. Observa que, "de ato para ato, mais se percebe que 'Boca de Ouro' pertence muito mais a uma mitologia suburbana do que à realidade normal da Zona Norte". D. Guigui, "sob um novo estímulo emocional", prepara-se "para desfigurar 'Boca de Ouro', outra vez". Por quê? Agenor quer abandoná-la. Foi desfeiteado pela mulher, que gritou em suas bochechas a paixão por Boca de Ouro. Caveirinha, sentindo-se culpado pela separação, trata de reconciliar o casal. Sejam feitas as pazes, em função das crianças. D. Guigui lança-se aos braços do marido, os dois choram, e ela lhe diz: "Esse danado sabe que eu gosto dele!"

Conveniência, resignação ou lucidez, a verdade é que D. Guigui, motivada por Caveirinha a opinar se é autêntica a história do "assassino de mulheres", começa a terceira narrativa sobre Boca de Ouro, reconhecendo-o covarde. O *flashback* traz de novo a intimidade de Leleco e Celeste, numa cena que D. Guigui não presenciou. O casal, em plena crise. O marido empunha o revólver. O lotação em que viajava emparelhou com o táxi no qual ela estava acompanhada por um homem. Nessa versão, Celeste jura pela alma da mãe, morta outro dia. Leleco a aperta e ela termina por confessar que seu amante é Boca de Ouro. Não o cinqüentão careca e barrigudo do segundo ato, mas o próprio bicheiro.

Leleco jogou no número do táxi em que a mulher o traía e, se ele der, quem vai pagar é o amante. Repete-se a menção à frieza de Celeste: "por que me traíste? És fria. E por que me traíste, se és fria?" Ela recua para a infância, contando que a internaram no colégio grã-fino da cidade, em que ocupou uma das sete vagas gratuitas concedidas à Prefeitura. Numa bem tramada preparação para o desfecho, Celeste menciona uma menina riquíssima e pernóstica, por ela odiada. Essa menina lhe dizia: "Minha avó foi namorada do Joaquim Nabuco!" O marido quer que ela pare "essa palhaçada", e Celeste ainda pergunta: "Se der o milhar, tu me levas à Europa para ver a Grace Kelly?" (É preciso lembrar que a atriz Grace Kelly, em plena ascensão em Hollywood, abandonou o cinema para se casar com o príncipe de Mônaco. O velho mito do casamento da plebéia com o príncipe...) Um invisível portador entrega a Leleco o papelzinho no qual ele verifica ter perdido a aposta, mas Celeste promete que lhe será pago o milhar.

Passa-se, então, à casa de Boca. Ele pergunta a D. Guigui se telefonaram, e ela diz que o chamou "a granfa", a que é "tarada" por ele. Guigui teria ciúmes dela e não de Celeste, "igual a mim". Boca informa que essa grã-fina vai entrar para uma Ordem, que raspa a cabeça. Um dado que lhe alicerça a estranheza, preparando, com naturalidade, o desfecho. Boca vai explicar porque a mulher o procura tanto, quando entra Celeste, "esbaforida". O marido a descobriu no táxi, sendo beijada pelo bicheiro. Não adiantaria negar, que ele a viu. Boca tem uma réplica, repetida por Nelson em muitas variações, que mostra o seu desprezo pelos fatos reais, a ponto de falar nos "idiotas da objetividade". Certa vez, Boca estava no quarto com uma mulher, quando chegou o marido, trazendo a polícia. A porta foi arrombada. "A mulher, nuazinha, negou até o fim. Sabe que o marido ficou na dúvida, o comissário ficou na dúvida e até eu fiquei na dúvida? Meu anjo, da próxima vez, nega, o golpe é negar!"

Surge Leleco e pergunta pelo caixão de Boca. É verdade que ele manda derreter as alianças de todas as casadas que conquista? Armado, Leleco inicia a chantagem: que ele pague o milhar. Boca alega que o número não deu; porém, diante do revólver apontado, pergunta quanto é. Os 600 contos pedidos seriam a falência. Boca oferece 50 contos e Leleco o ameaça. Distraído pela entrada de Celeste, Leleco se confunde e Boca lhe desfere uma coronhada na cabeça. Se no primeiro ato Boca mata Leleco ao ouvir o insulto contra a mãe e no segundo é Celeste quem assassina o marido, no terceiro o crime volta a ser praticado pelo bicheiro, tendo a cumplicidade da amante, que usa um punhal. D. Guigui raspará o sangue com palha de aço.

A entrada de Maria Luísa levará à cena culminante do terceiro ato. O diálogo tem requintes de observação e de subentendidos. Logo se sabe que a grã-fina foi a colega de classe de Celeste, que a humilhava. Desistiu de ir para a Ordem. Por que não sai daquela casa? Boca de Ouro conta que ela quer batizá-lo. Maria Luísa se refere a "amizade sem sexo", mas Celeste, intuitiva, afirma que ela está dando em cima do amante. Depois de dizer-se meio macumbeiro, Boca mente que não matou ninguém, certamente desejando apresentar uma boa imagem para a grã-fina. Imagem que Celeste, para afastar o rival, procura destruir, mostrando o cadáver de Leleco. Revelado o crime, Boca admite que terá de executar alguém (a fim de que não o denunciem).

A expectativa é a do sacrifício de Maria Luísa. Boca, num gesto que pode ser considerado surpreendente, mata Celeste a golpes de navalha. O bicheiro se lembra que Maria Luísa o achava parecido com um deus asteca (associação dela com a primeira grã-fina do segundo ato, quando se mencionou a semelhança. Maria Luísa e essa mulher são, certamente, a mesma pessoa). Miticamente, Boca de Ouro concorda que é meio deus. Não pelo poder de criar, e sim de destruir: "Quantas vidas eu já tirei?" Maria Luísa o chama assassino e Boca replica não se humilhar para nenhuma mulher. A rubrica alude à sua "máscara astuta, cruel e sensual de um Rasputin suburbano". Boca expulsa-a, mas Maria Luísa caminha lentamente para o quarto. O bicheiro, "cambaleante", vai ao encontro dela.

Interrompe-se, aí, a cena, para a luz iluminar a porta do Instituto Médico-Legal, em que um locutor faz um *flash* radiofônico. Utilizando "ênfase quase caricatural e uma adjetivação pomposa e vazia", que lembra o *Speaker* de *Álbum de família*, o locutor anuncia: "Mataram o 'Boca de Ouro', o Al Capone, o Drácula de Madureira, o D. Quixote do jogo do bicho, o homem que matava com uma mão e dava esmola com a outra!" A criminosa: Maria Luísa. Nenhuma estranheza para o espectador/leitor. Afinal, ela desapareceu cheia de contradições, desejando entrar para uma Ordem e ao mesmo tempo "tarada" pelo bicheiro. Chamou-o de assassino e se dirigiu para o quarto dele, ao invés de ir embora. Mística, frívola, cruel, confusa, apaixonada, nada impede que se tivesse iniciado aí um caso amoroso, que chegou ao desfecho trágico. Porque a narrativa de D. Guigui se interrompe quando Maria Luísa e Boca de Ouro vão para o quarto, e se passou depois um tempo apreciável, no qual muita coisa aconteceu. O corte brusco para o assassínio de Boca de Ouro não tem a pecha da inverossimilhança. O golpe teatral valoriza o efeito dramático, levando o texto para o clímax.

Por que a lembrança de Pirandello, a propósito de *Boca de ouro*? Ela serve sobretudo de apoio para o raciocínio. Em Pirandello, sabe-se, o indivíduo não é uno – uma imagem idêntica para si e para os outros. Eu sou o que suponho ser, mas também o que pensa de mim o mundo à volta. Nessa fragmentação, dissocia-se a personalidade: a soma de tantos dados que se acumulam. Não há uma verdade indiscutível e a personagem se forja pelas facetas diversas, diversíssimas, que a trama vai apresentando. Para um contemplador, de qualquer modo, a personagem pirandelliana está fixada numa imagem, embora múltipla.

Nelson Rodrigues vai além, no jogo de subjetividade delirante. Uma personagem, ao lado do substrato próprio, talvez inatingível para os outros (e para si mesma), é sem dúvida também o que pensam dela. Apenas esse pensamento não se mostra invariável no tempo e flutua de acordo com o estado emocional do interlocutor. Sob o impacto da mágoa de ter sido abandonada, D. Guigui constrói Boca de Ouro, de início, como terrível facínora. Ao saber de sua morte, explode a paixão, e o novo prisma omite até que ele assassinou Leleco. A conveniência de preservar a vida conjugal dita a D. Guigui a última versão sobre o bicheiro, agora "assassino de mulheres", tendo sacrificado Celeste. D. Guigui mentiu alguma vez? Mentiu sempre? Ou viu a realidade de formas diferentes, segundo o sentimento que a animava?

Todos sabemos que as circunstâncias nos levam a condenar ou absolver alguém, dependendo do vínculo afetivo. O argumento que desculpa o ato de um amigo pode ser semelhante ao que agrava o de um inimigo, sem nenhuma falsidade consciente. Somos presa, em grande parte, da subjetividade. Para Nelson, então, agredido pela realidade, a imagem subjetiva atingia um radicalismo absoluto.

Não se acredite, por isso, que os múltiplos reflexos de intersubjetividades, que tendem à dissociação infinita, descaracterizem a personagem rodriguiana. Ao contrário, eles enriquecem o universo ficcional, matizando-o com as possibilidades contraditórias do indivíduo. A personagem deixa de ser pobre, primária, identificável por um traço, para conter uma infinidade de características, mesmo aparentemente contraditórias.

Um pequeno trabalho comparativo das três versões narradas por D. Guigui encontrará constantes em todas as personagens, que lhes asseguram a identidade básica. Ficando num elemento, pode-se mencionar o bovarismo suburbano de Celeste e a vocação de vítima de Leleco, ainda que ele tente fazer chantagem com o Boca de Ouro "pinta lorde". E o que se dirá do bicheiro?

Em traços amplos, sua personalidade pode ser considerada uma réplica masculina de Zulmira, de *A falecida*. Ela tentou contrabalançar a frustração da existência pelo enterro de luxo. Boca de Ouro procurou compensar o nascimento na pia de gafieira por um mecanismo semelhante: em vida, o poder financeiro, simbolizado na dentadura de ouro, que acalentou desde menino. E, para a morte, não apenas o enterro de luxo, mas o caixão de ouro, laboriosamente construído, como para um deus asteca.

E se Zulmira tem um sepultamento miserável, Boca de Ouro foi assassinado antes de terminar o caixão apoteótico. Pior que isso, o povo entra no necrotério, para ver o bicheiro, e encontra um cadáver desdentado. Roubaram a dentadura da vítima. Nem esse símbolo de poder (embora inútil, diante da morte) Boca de Ouro conserva. Nelson Rodrigues, mais uma vez pessimista ferrenho, contempla-o com esse logro formidável – nova peça que a vida prega em suas criaturas.

BEIJO NO ASFALTO

Na trajetória de Nelson Rodrigues, ressaltam numerosas obsessões, que poderiam sugerir a imagem de um dramaturgo repetitivo. Procedimentos, situações, personagens são retomados, dentro de um universo coeso, onde nunca se sente a quebra de unidade. Pessimismo inflexível, fincado na condição trágica da existência, serve de base à filosofia da quase totalidade dos textos. Esse quadro tenderia a configurar, senão a monotonia, ao menos uma obra pouco variada.

Não é o que se dá na prática, porém. Nelson contornou a possível falha, debitável a essa característica, entregando-se ao vôo da imaginação. Ficcionista de mil histórias, ele inventou tramas muito diferentes, sustentadas por idéias de originalidade palpável. As peças se baseiam em episódios que recusam o trivial. Não se vê, em nenhum texto, um ponto de partida concedendo ao convencionalismo. Até se admite que os pretextos dramáticos estejam próximos do inverossímil. Faltasse medida literária, prevaleceria o folhetinesco. Em Nelson, essa fórmula ajuda a agarrar o interesse imediato do espectador, provocado desde a primeira cena.

A retomada, em termos exigentes, das técnicas do melodrama, o cultivo paroxístico do mau gosto, a revalorização do *kitsch* configuram uma estética popular, distante das regras acadêmicas do teatro erudito. Tem-se, ainda hoje, dificuldade de enxergar a elaboração artística da dramaturgia rodriguiana. O senso de promoção publicitária, que a um exame superficial parece inerente à obra, cunhou de marginalidade textos de requintado lavor.

Lembrem-se da singularidade de *A Falecida*, para não sairmos das tragédias cariocas. A delicadeza moral de *Perdoa-me por me traíres* confundiu temperamentos críticos desacostumados de uma ética avessa aos padrões rotineiros. Provoca susto o bordel de filhas instalado em *Os sete gatinhos*. E o que se dirá de uma pessoa, em *Boca de ouro*, narrar três versões contraditórias dos mesmos fatos, segundo o seu estado emocional?

Nelson empenhava-se em criar novos entrechos. Todos coerentes com as suas convicções reais, mas diversificados na manifestação cênica. Numa fase especialmente produtiva, ele escreveu, em 1960, a pedido da atriz Fernanda Montenegro, *Beijo no asfalto*, cuja pré-estréia ocorreu no dia 7 de julho de 1961, no Teatro Ginástico do Rio. Nas primeiras semanas, recordes de bilheteria. A curiosidade não impedia que, na cena em que se gritava o hábito das relações sexuais diárias como prova da virilidade do protagonista, alguns casais se retirassem acintosamente da platéia, pelo constrangimento provável dos maridos relapsos.

O acontecimento deflagrador da tragédia: um atropelado, antes de morrer, pede ao desconhecido Arandir, que passava casualmente e correu para socorrê-lo, um beijo na boca. Registre-se que não é banal o episódio desencadeador da trama. E, a partir dos conflitos que se multiplicam, Nelson pôde exprimir a verdade para ele privilegiada – a profunda solidão do homem e a importância da fidelidade ao pensamento individual, não contaminado pelas crenças massificadas. Em contraposição à "unanimidade burra", ele proclamou o valor do gesto solitário. Protesto de quem respeitou as prerrogativas individuais, condenando as abdicações da antipessoa. Réplica brasileira de *Um inimigo do povo*, peça clássica de Ibsen.

Ao prefaciar edições anteriores ao *Teatro completo*, Hélio Pellegrino observa que "*Beijo no asfalto* é, acima de tudo, uma inquirição metafísica sobre o problema da morte". Primeiro, ele analisa os aspectos psicanalíticos, assinalando que "Cunha e Amado Ribeiro, os maquinadores da farsa pela qual o gesto de Arandir passou a ser o epílogo de um romance homossexual, revelam, nessa farsa, o seu próprio homossexualismo. O atropelamento, num nível arcaico do psiquismo, pode significar o nascimento, a ação da mãe que lança violentamente o filho no mundo. (...) O atropelamento e a morte, portanto, dentro da equivalência antinômica de significados no inconsciente, também passam a exprimir nascimento e vida, vivenciados sob a forma de ataque da mãe arcaica perigosa." Num plano existencial heideggeriano, Hélio afirma que o morto, presente apenas durante o velório, no segundo ato, "é o grande personagem invisível, é aquele que encarna em si a morte de cada um e de todos os personagens, o que equivale dizer, a morte de cada um e de todos nós". "Arandir, ao beijar o agonizante, 'beijou a morte na boca', contaminou-se de morte, assumiu, simbolicamente, a finitude instransponível de cada ser humano". No revelador prefácio, além de outras ponderações agudas, Hélio Pellegrino anota ainda, quanto à forma, que Nelson Rodrigues inaugura na peça "o diálogo sincopado, alusivo, no qual o discurso é bruscamente interrompido por um ponto final, para logo reiniciar-se e ser de novo cortado, com uma precisão de alta cirurgia."

Depois do estudo técnico de um psicanalista, não cabe ao leigo retornar ao tema. Precisam ser encontrados níveis de leitura, de um ângulo preferencialmente dramatúrgico. A peça é tão rica de problemas que outras considerações afloram, sugerindo a amplitude do quadro descrito pelo autor. Deve-se ter em mente, em primeiro lugar, que a tragédia vivida por Arandir é o resultado da maquinação de um repórter policial, Amado Ribeiro, que se valeu da cumplicidade do delegado Cunha. Significativamente, o jornalista e o policial estavam brigados, por causa de uma denúncia: Cunha deu um pontapé no ventre de uma mulher grávida, provocando-lhe o aborto. A princípio, Cunha não deseja receber Amado Ribeiro. Depois, vendo a possibilidade de promover-se junto ao superior hierárquico, decide participar da farsa. Amado Ribeiro urde a intriga no propósito de aumentar a tiragem do jornal – autovalorização pelo poder. Imprensa e polícia dão-se as mãos para produzir o embuste sinistro.

No empenho de assegurar verossimilhança à história, sedimentando as suas convicções sobre a criatura humana, Nelson elabora sadicamente os pormenores. O suposto homossexualismo de

Arandir não se beneficia de dúvida. Aproveitando-se a fraqueza de certos caracteres, provas são forjadas. E depoimentos taxativos assumem a aparência de verdade, quando o espectador sabe que nasceram da mentira. Inoculado, o germe da desconfiança trabalha as personagens. O mecanismo que destrói Arandir é o mesmo que inventa os bodes expiatórios. Todos participam, à sua maneira, do assassínio do protagonista.

De início, Arandir depõe na polícia na simples qualidade de testemunha do atropelamento. Terminadas as declarações ao comissário Barros, chegam Amado Ribeiro e Cunha, e começa o interrogatório aniquilador. De desconhecido, o morto se transforma em alguém que Arandir cultivava. A manchete jornalística – O beijo no asfalto – lança o escândalo e lhe dá a proporção da cidade. Primeiro reflexo: os colegas cercam Arandir, na firma em que trabalham, e Werneck faz a pergunta maligna: viúvo ou viúva do atropelado? Não se acredita que ele desconhecesse o morto. D. Judith, a datilógrafa, declara que, pela fotografia, "Parece um moço que esteve aqui, na semana passada".

No velório, a impostura caminha para atingir a plena dimensão. Amado Ribeiro abstrai a delicadeza do momento, retarda o enterro, para dobrar a viúva. Ameaça-a, informando saber de fonte limpa que ela tem um amante. Embora negue já ter visto Arandir, a viúva, intimidada, fecha-se em atitude passiva, que estimula o delírio do repórter. Conclui-se que não haverá objeção concreta ao induzimento feito por Amado: "Seu marido tinha um amigo, chamado Arandir, amigo esse que a senhora está reconhecendo pela fotografia."

O testemunho precisa produzir efeitos. Num arbítrio que se tornaria rotina apocalíptica na vida policial brasileira, Cunha e Amado seqüestram Selminha, para que deponha longe da delegacia, na casa de um amigo jornalista, em Boca do Mato. Basta ela proclamar que Arandir não conhecia o morto para trazerem à sua presença a viúva. Na malignidade irresponsável de quem deseja salvar a própria pele, não se incomodando com as conseqüências, a viúva mente que conhecia Arandir de sua casa e que "os dois tomaram banho juntos".

Não resolve, no objetivo sensacionalista da imprensa, fixar-se a versão do homossexualismo. Ela se esgotaria sem demora. Para alimentar a curiosidade mórbida dos leitores, Amado Ribeiro cria outra manchete aterradora: O beijo no asfalto foi crime. Conspurca-se o gesto puro de Arandir, atribuindo-lhe sórdida motivação. O repórter diz inicialmente que prova, mas corrige: "Quer dizer, sei lá se provo, nem me interessa." Amado Ribeiro ainda incita Aprígio, sogro de Arandir, a dar um tiro na cara do genro. Nenhum juiz o condenaria.

Embora Aprígio pergunte se Amado quer vender mais jornal, prepara-se o sacrifício da vítima. No subconsciente, o sogro registra que, sejam quais forem suas razões para matar Arandir, está absolvido de antemão pelo consenso público. Pode invocar defesa da honra familiar, rompida por um homossexual, que ousou o ludíbrio da filha. Nova manifestação da terrível ironia de Nelson: a última cena desvenda o mistério, para que se saiba que Aprígio é o homossexual. O ódio ao genro é amor. Num mundo dominado pelos preconceitos, ao qual deve acrescentar o agravante de que ama não um homem qualquer, mas o genro, Aprígio vê no crime a única possibilidade de libertação, ou de apaziguamento.

Beijo no asfalto faz um libelo violento contra a falsidade, o juízo fundado na aparência, as convicções unânimes. Não foi necessário muito esforço para que se transformasse Arandir, publicamente, em homossexual – mobilizaram-se testemunhas e produziram-se provas, ainda que enganosas. A fragilidade torna o indivíduo agente ativo ou vítima passiva desse processo de destruição do ser humano, isolando-o numa verdade destituída de valor, ao menos prático. Arma-se verdadeira conspiração para aniquilar os sentimentos puros.

Agentes ativos da perda de Arandir são Amado Ribeiro, Cunha, Werneck, Dona Judith, a viúva do atropelado e Aprígio, coadjuvados por Aruba e por Dona Matilde. O comissário Barros coloca-se como elemento neutro e Selminha e Dália, por duvidarem do marido e cunhado, marcam-lhe a grande desilusão com o ser humano. Decreta-se a real solidão de Arandir quando a mulher lhe retira o apoio e a cunhada, embora o ame, pergunta se ele amava o morto.

Por motivos diferentes, todos contribuem para a morte de Arandir. Pode haver responsabilidades maiores ou menores, conjugadas para o objetivo final. A iniciativa do engendramento da trama coube a Amado Ribeiro, que retira de um episódio simbólico, alheio ao noticiário policial, uma história de homossexualismo e depois de crime. Aprígio, assassinando Arandir, é o autor do golpe de misericórdia. Sobretudo a viúva do atropelado fornece, ao testemunhar falsamente a ligação dos dois homens, a prova de que se necessitava para atribuir verossimilhança ao engodo.

Em Amado Ribeiro, junto da projeção em Arandir do próprio homossexualismo reprimido (lembre-se o gosto pelas magras e histéricas), há o exercício do poder, compensando o vazio interior. Nelson imputa ao jornalista "a aparência de um cafajeste dionisíaco" e a dimensão de uma de suas personagens mais fortes – maligno, cruel, inescrupuloso, abjeto e, finalmente, desesperado. Seu escopo é o de vender jornal, não importa à custa de que artifício. Eletriza-o a sensação de abalar o Rio de Janeiro. Na intimidade de seu quarto desordenado, bebe cerveja pelo gargalo da garrafa e se desculpa da "bagunça" pela gravidez da arrumadeira, que fez aborto em si mesma, com talo de mamona, e vai morrer. Esclarece Amado: "eu não tenho nada com o peixe. O filho não é meu!" Depois do diálogo torpe, em que se confessa a Aprígio bêbado e pau de arara, o repórter diz que têm de respeitá-lo, porque parou a cidade e, segundo a rubrica, "parte o grito num soluço". Em síntese, um pobre-coitado que deságua no mal a frustração não conscientizada.

O móvel do delegado Cunha não tem grandeza. Denunciado pelo jornalista, vence os escrúpulos e torna-se seu aliado, no propósito de mostrar serviço para o chefe. Werneck é o colega de escritório que lidera o coro dos detratores, baseado em simples indícios. Dona Judith, tipo da datilógrafa convencional, se basta na leviandade de tomar a aparência por certeza. Menos simpática ainda é a posição da viúva: receosa de que viesse a público a existência do amante, testemunha contra Arandir, a ponto de forjar que o viu tomando banho com o marido. Aprígio atira em Arandir, objeto do seu amor, pela impossibilidade de proclamar o sentimento para o mundo. O detetive Aruba representa o policial obtuso, que nunca acerta. E Dona Matilde simboliza o coro das vizinhas bisbilhoteiras, que se alimenta da tragédia alheia.

Nelson descreve Selminha como "a imagem fina, frágil de uma moça, de uma intensa feminilidade". Conhece Arandir desde garotinho e tem certeza de que o ama e é feliz. Confia mais no marido do que em si mesma. Trabalhada pelos outros, porém, "passa as costas da mão nos lábios, como se os limpasse", quando Arandir vai beijá-la na boca. Gesto inconsciente, denunciador de que a dúvida já a contagiara. Na casa em Boca do Mato, raptada por Amado e Cunha, Selminha revela que está grávida. E explode a sua verdade: "Eu conheço muitos que é uma vez por semana, duas e, até, quinze em quinze dias. Mas meu marido todo dia! todo dia! todo dia! – Meu marido é homem! homem!" E desafia o delegado, ao augurar que o noivo da filha dele tenha a virilidade de Arandir.

A experiência conjugal não se mostra suficiente para Selminha. O jornalista havia falado em "gilete" (quem tem relações com os dois sexos). Abalou-a a confissão da viúva. Selminha pondera para a irmã: "Arandir tem certas coisas. Certas delicadezas! (...) Mas você sabe que a primeira mulher que Arandir conheceu fui eu. Acho isso tão! Casou-se tão virgem como eu, Dália!" E fica patente que ela não irá ao encontro do marido, no hotel em que ele se refugia. Paralisa-a a idéia de que o beijo de Arandir contém ainda a saliva do atropelado.

A peça apresenta uma variante da vinculação de duas irmãs ao mesmo homem. Desde o começo, percebe-se o amor de Dália pelo cunhado. Evidentemente irritada, ela confirma que o casal é felicíssimo. Havia dito que, se a irmã morresse, se casaria com Arandir. Deixaria a casa de Selminha, mas ao ler o jornal, resolveu ficar, certamente para servir de apoio ao cunhado. Invectiva o pai, afirmando que descobriu o segredo dele: não gosta do genro, porque nutre por Selminha amor "de homem por mulher". No momento em que a irmã abandona Arandir, Dália sente-se livre para procurá-lo no hotel. Ela se oferece, por amor, e diz que morreria ao lado dele. A rubrica anota que Dália, "macia, insidiosa, com uma leve malignidade", pergunta se o cunhado amava o morto.

Ela não julga e não o condena. Aceita tudo. Será a mesma. A incapacidade de compreender profundamente Arandir faz que ele a expulse: "Você é como os outros. Igual aos outros. Não acredita em mim. Pensa que eu. Saia daqui." A incomunicabilidade afasta sem remédio todas as criaturas. Está aí a raiz da tragédia humana.

Arandir percorre o itinerário mais complexo do texto. A tendência é a de incluí-lo no rol das vítimas inocentes, que povoam a evolução da dramaturgia. De certo modo, essa focalização tem fundamento. Importa, contudo, a tomada de consciência, o processo interior da passagem de boneco acionado pelos outros a sujeito do destino. Forja-se, no percurso, a grandeza do herói.

Atendendo ao moribundo, que lhe pede o beijo, Arandir cede a um impulso espontâneo, não racionalizado. Ele não medita sobre a possível estranheza dessa manifestação de última vontade. Seu movimento é generoso, humano, sem cálculo. Testemunha do atropelamento, dirigiu-se à delegacia, para as declarações de praxe. Não lhe passaria pela cabeça que outro transeunte ocasional, o repórter Amado Ribeiro, deturpasse o seu gesto sem mácula.

Por que Arandir se encontrava na Praça da Bandeira, em companhia do sogro, quando se deu o acidente? Ele havia ido à Caixa Econômica, para empenhar uma jóia. O dinheiro destinava-se ao aborto de Selminha. Segundo ela explica, "Meu marido acha que a gravidez estraga a lua de mel!" Casados há menos de um ano, eles viviam um idílio absoluto, que nada deveria perturbar. Ironicamente, a tentativa de preservação do matrimônio perfeito redundou na sua perda. Ou, se se quiser, o sacrifício que Arandir procurou impor a quem o continuaria favoreceu sua morte.

Progressivamente acuado, Arandir intimida-se. Deixa o emprego, esconde-se em casa no quarto da cunhada e finalmente se abriga num hotel ordinário. Ao saber que Selminha não o apóia, começa a tirar do desamparo a força salvadora: "Querem que eu duvide de mim mesmo! Querem que eu duvide de um beijo que. (...) Não! Nunca! Eu não beijaria na boca um homem que. (...) Eu não beijaria um homem que não estivesse morrendo! Morrendo aos meus pés! Beijei porque! Alguém morria! 'Eles' não percebem que alguém morria?"

O "reconhecimento" faz da solidão a vitória de Arandir. Violento, ele pede a Dália para dizer a Selminha: "Que em toda minha vida, a única coisa que se salva, é o beijo no asfalto. Pela primeira vez. Dália, escuta! Pela primeira vez, na vida! Por um momento, eu me senti bom! (*Furioso*) – Eu me senti quase, nem sei! Escuta, escuta! Quando eu te vi no banheiro, eu não fui bom, entende? Desejei você. Naquele momento, você devia ser a irmã nua. E eu desejei. Saí logo, mas desejei a cunhada. Na Praça da Bandeira, não. Lá, eu fui bom. É lindo! É lindo, eles não entendem. Lindo beijar quem está morrendo! (*Grita*) – Eu não me arrependo. Eu não me arrependo!"

Para chegar a esse clímax, Nelson elaborou um entrecho extremamente uno, que progride em marcha avassaladora. Os três atos estão divididos em treze quadros, dos quais sete se passam em casa de Selminha e Arandir (um no quarto do casal). Praticamente a ação exterior, em vários locais (sala do delegado Cunha, sala do comissário Barros, escritório, casa na Boca do Mato, quarto do repórter e quarto de hotel), se intercala com os diálogos travados na residência dos protagonistas. A teia se arma, assim, fechando o cerco sobre o herói.

O diálogo é nervoso, puxa a ação, ultrapassando o sistema do pingue-pongue de perguntas e respostas. Os pontos no meio de uma frase não se resumem à função de reproduzir a naturalidade das conversas reais. Criam uma dinâmica ágil para as réplicas, abrindo para as personagens e o público o campo de infindáveis sugestões. Todas as falas, essenciais, interligam-se, no sentido de construir a arquitetura dos quadros e, finalmente, da peça.

No relacionamento familiar, o dramaturgo utilizou um recurso inexistente nos textos anteriores. Pode-se afirmar que a referência ao seu método habitual serve para despistamento. Desde o começo, está sugerido que Aprígio nutre amor incestuoso pela filha. Ele nunca pronuncia o nome de Arandir, chamando-o, no correr do tempo, "seu noivo", "seu marido" ou "meu genro". Várias vezes o problema é denunciado, para que paire o suspense. O sogro mentiria a respeito do episódio do beijo, no intuito de afastar o casal. Contrariando a norma rodriguiana dos vínculos familiares, ao fazer-se a revelação do amor de Aprígio por Arandir, a surpresa do leitor/espectador não remete aos cânones da melhor literatura. Dificilmente se deixa de pensar em golpe de melodrama. Apenas em termos de estética popular, diversa do método empregado em toda a construção da peça, se aceita o desfecho surpreendente.

Transmiti a Nelson, em várias oportunidades, minha insatisfação, recomendando-lhe fundamentar por outros meios o final. Ele parecia aceitar a restrição, embora julgasse que, acabada a peça, não lhe cabia retornar a ela. Os aspectos não resolvidos fazem parte também da obra artística. Interessa concluir se os elementos positivos superam as deficiências. As críticas procedentes se incorporam ao autor, que as supera em obra futura. De fato, considero difícil citar *Beijo no asfalto* entre as obras-primas de Nelson, em virtude da solução inconvincente.

O Grupo Macunaíma encenou o texto no espetáculo *Nelson Rodrigues o eterno retorno*, ao lado de *Álbum de família*, *Os sete gatinhos* e *Toda nudez será castigada*, porque, além de seus valores artísticos, patenteia-se a verdade exposta em *O mito do eterno retorno*, de Mircea Eliade. A análise me pareceu adequada a *Os sete gatinhos*, em que, depois do caos e da morte, sabe-se que Silene guarda no ventre um filho que vai nascer. Algo semelhante ocorre em *Beijo no asfalto*. Arandir é assassinado, da mesma forma que suprimem Bibelot, o sedutor de Silene. Não obstante quisesse o aborto, é ele quem morre, e tudo faz crer que Selminha não interromperá a gravidez. O filho vai instaurar novo ciclo.

Em poucas peças Nelson se desnudou tanto. Destemidamente, a ponto de sentir-se forçado a deixar o emprego. Antes da montagem, ele consultou a direção do jornal, porque citava a *Última hora* e seu colega Amado Ribeiro, da editoria de polícia. Dispensou-se a leitura do texto, pela confiança que o autor merecia – um de seus redatores mais ilustres e certamente o mais popular. Quanto a Amado Ribeiro, Nelson me disse que ele estava gratificado, pela imortalização em forma de personagem. Mas alguns dirigentes, depois da estréia, acharam que a respeitabilidade do jornal ficaria abalada, se o identificasse aquele sensacionalismo malsão. O dramaturgo não concordou, já conhecida a peça, em substituir o nome *Última hora*. O mal-estar criado obrigou-o mais tarde a demitir-se.

De fato, a crítica à imprensa, presente sobretudo em *Viúva, porém honesta* e *Boca de ouro*, atinge em *Beijo no asfalto* o padrão de libelo irrespondível. Não há qualidade ética na figura do jornalista. Pode-se alegar que se trata de personagem isolada, que não representa a categoria profissional. Essa pintura, somada à das outras peças, completa o melancólico painel. E não se deve esquecer que o jornal prestigia, abrindo enormes manchetes, o sensacionalismo criminoso do repórter. Redator e jornal confundem-se na prática funesta. A imprensa, para Nelson, não observa limites na impostura.

E a polícia, na peça, se presta ao papel de seu dócil instrumento. O delegado e o detetive são meras forças brutas, incapazes de raciocínio, a não ser para se livrarem erradamente de acusações fundadas. Longe deles qualquer esperança de justiça. Amado Ribeiro se serve de Cunha a seu bel prazer, para aumentar a tiragem do jornal. Está aí todo o valor da polícia.

Nesse universo, manipula-se a opinião pública e deixa-se indefeso o indivíduo. Em *Um inimigo do povo*, o Dr. Stockman denuncia a contaminação das águas do balneário, contra os interesses financeiros da coletividade, e se condena a permanecer solitário. Não o intimida o reconhecimento da situação. Ele exclama para a família, numa frase de que Nelson tanto gostava: "O homem mais poderoso do mundo é o que está mais só". Destino semelhante é o de Bérenger, protagonista de *Rinocerontes*, de Ionesco. Enquanto o mundo inteiro se rinoceriza, ele se conserva um ser humano – o último, sem capitular.

Individualista irredutível, no que essa definição se contrapõe a abdicar o homem de suas prerrogativas fundamentais, em proveito de idéias massificadas e falsos conceitos, Nelson Rodrigues erige Arandir em porta-voz de sua verdade. Sacrificado pela rinocerite geral, contrariando todas as hipocrisias ele não se arrepende e julga o beijo no asfalto o encontro da pureza e a sua dignificação como criatura superior.

BONITINHA, MAS ORDINÁRIA

*S*ão muitas as formas de tentação, desde que, na simbologia cristã, o primeiro casal se deixou seduzir pelo fruto da árvore proibida. Sensível aos apelos interiores que provocam a equivalência da queda paradisíaca, Nelson Rodrigues criaria, em seu teatro, uma história ilustrativa do mito, encharcando-a de situações atuais. No dia 28 de novembro de 1962 estreou, no Teatro da *Maison de France* do Rio, a peça *Otto Lara Resende ou Bonitinha, mas ordinária*, sob a direção de Martim Gonçalves e com Tereza Rachel, Carlos Alberto e Fregolente nos principais papéis. O espetáculo paulista, interpretado por Miriam Mehler, Ênio Gonçalves e de novo Fregolente, deu ao diretor Antunes Filho a oportunidade, em 29 de janeiro de 1974, de conseguir soluções originais na materialização do universo rodriguiano.

Qual a tentação a que se submete Edgard, o pobre empregado do milionário Heitor Werneck? Peixoto, genro do magnata, incumbe-se de fazer-lhe a proposta sedutora: o casamento com a cunhada Maria Cecília, filha de Werneck. A jovem, segundo conta, fora vítima de estupro e, na preconceituosa sociedade brasileira de então, a circunstância de não ser virgem impediria o matrimônio normal. A sedução tem seqüência quando o Dr. Werneck, para testar o caráter de Edgard, entrega-lhe um cheque ao portador, de quantia fabulosa. A trama inteira girará em torno das hesitações de Edgard, até a escolha final.

Um indivíduo dotado de sólida formação moral repeliria de imediato a proposta e desapareceria o conflito, nos termos em que está colocado. Nelson parte da fragilidade das criaturas, condenadas a um mundo hostil. Naquele momento, Edgard é trabalhado por uma frase do escritor Otto Lara Resende (razão do título): "o mineiro só é solidário no câncer". Ele próprio amplia o conceito: "Não é bem o mineiro. Ou não é só o mineiro. É o homem, o ser humano". Se é verdade que o mineiro só é solidário no câncer, Edgard pode ser mau caráter. Pudores ou escrúpulos perdem o sentido. Por que repetir o destino do pai, cujo enterro foi custeado por subscrição dos vizinhos? Retomando motivo de Zulmira e de Boca de Ouro, Edgard ambiciona caixão igual ao de Getúlio Vargas e "enterro de penacho, mausoléu, o diabo". Ademais, a pessoa comum sente a atração por grã-fina, que – observa o texto – é a única mulher limpa e nem transpira.

A frase do Otto cresce paulatinamente de relevo, à medida que se aguça o conflito (Nelson explicou, no programa do espetáculo, que "a frase é a grande personagem, a Isolda, a Joana D'Arc da minha peça"). No decorrer do diálogo, Edgard afirma que ela é mais importante do que *Os sertões*, de Euclides da Cunha, e do que todo o Machado de Assis. Haveria desproporção entre a simples frase e o significado que o dramaturgo pretende atribuir-lhe? Decomposta, ela exprime que a solidariedade prevalece apenas nas situações extremas. Na faina diária da sobrevivência, impera o vale-tudo, isto é, nenhuma norma ética rege a conduta humana. Por isso a possibilidade de se chafurdar no lodo, a degradação absoluta, a recusa de qualquer transcendência.

Não será difícil perceber que a frase constitui variação do conceito dostoiewskiano, tão caro ao escritor mineiro e a Nelson Rodrigues: "Se Deus não existe, tudo é permitido". Expende-o Kirilov, em *Os demônios*. Não havendo lei ordenadora do universo, o homem pode ser lobo do homem. Em continuação natural do raciocínio, Edgard concluirá que "a frase do Otto é que é o câncer". Aceita, o homem se perderá. Negada, ele estará salvo.

A trajetória de Edgard se cumprirá na divisão entre o amor por Ritinha, que se solidifica aos poucos, e as propostas núpcias com Maria Cecília. De início, à semelhança de tantas outras personalidades rodriguianas, ele revela interesse por Aurora, irmã de Ritinha, para depois fixar-se na verdadeira paixão. Ritinha representa a sua inclinação desinteressada, sua natureza pura e incorruptível, que não se verga a preconceitos. Unir-se a Maria Cecília seria sucumbir à acomodação, a venda da alma ao diabo, em troca do conforto material. As duas virtualidades caminham paralelas, robustecendo-se no correr dos diálogos.

Nelson deu peso semelhante às opções, para que se instaurasse equilíbrio dramático e não se impusesse facilmente uma solução. Nos termos essenciais, a equação poderia assim reduzir-se: desamor, interesse, fortuna, de um lado; e, de outro, amor, desinteresse, miséria. Ou vida fácil, resignação à materialidade; e vida difícil, encontro da espiritualidade. Imanência versus transcendência. Perda da alma e regozijo do corpo, e sacrifício do corpo e salvação da alma. Tantas dicotomias da ética religiosa, isentas, no caso, de maniqueísmo empobrecedor.

Militam a favor de Maria Cecília, na contabilidade de Edgard, numerosos fatores. Além das vantagens apontadas, há o medo do malogro paterno e o incitamento permanente da mãe, para que desconte o cheque liberador. No prato da balança, do lado de Ritinha, constitui peso apreciável, acima de tudo, Edgard ter paz de consciência. Ou ele se verá rico e abjeto ou pobre e redimido aos próprios olhos. O conflito armado por Nelson, como se vê, é basicamente moral, deixando de considerar os outros aspectos da existência. Autêntico santo que abdica dos favores mundanos, Edgard chega ao desfecho de mãos vazias e alma leve. Diz a Ritinha que vão começar sem um tostão e, se for preciso, ela beberá água da sarjeta. Morta a frase do Otto, o casal descobre simbolicamente a energia que nasce do sol.

Ritinha desenvolve a matéria de outras heroínas rodriguianas, desde as irmãs de *Os sete gatinhos*, que se prostituem para preservar o matrimônio da caçula Silene. Na peça anterior, três irmãs guardam a virgindade de uma. Aqui, é uma, Ritinha, que defende a pureza de três, além de sustentar a mãe. Em antecedente melodramático, vivido em *flashback*, ela narra como se prostituiu. A mãe, funcionária dos Correios e Telégrafos, foi indiciada por desfalque, e a peça não conclui a respeito de sua responsabilidade ou inocência. O certo é que o presidente da comissão de inquérito, num desses papéis tão comuns de vilão, seduziu Ritinha, prometendo absolver a mãe, D. Berta. Consumada a conquista, ele não cumpriu a promessa. À maneira das outras loucas da dramaturgia de Nelson, que se fixam numa monomania (D. Aninha, de *A mulher sem pecado*, e Tia Odete, de *Perdoa-me por me traíres*), D. Berta, refugiada na alienação, passa a andar de costas. E Ritinha se prostitui para repor a quantia do desfalque.

O substrato de Ritinha aproxima-se do mito romântico de Margarida Gauthier de *A dama das camélias*, por exemplo. O mérito universal da peça de Dumas Filho está em ter celebrizado a redenção da prostituta pelo amor. Ritinha substitui-se à mãe, nos encargos domésticos, e pretende realizar nas irmãs o que a vida lhe negou. Resigna-se ela, aparentemente, à apoteose da negatividade, à purificação pelo fogo. Confessa: "Escuta. Deixa eu falar. Você escreva. Pode escrever. Quando minhas irmãs se casarem. E minha mãe morrer. Então, sim. Aí eu estarei livre. E vou me matar. Ah, vou! E vou morrer queimada, como essas do jornal. Essas que tocam fogo no vestido. (*Com alegria cruel*) – Quero morrer negra!" Ao abandonar-se ao amor por Edgard, consagra outra forma de virgindade: obrigada a mercantilizar o ato sexual, reservou para ele o primeiro prazer que sentirá.

Estranha personagem é Peixoto, colocado mefistofelicamente na função de tentar Edgar. A princípio é como se Peixoto, consciente de ser mau caráter, se absolvesse, ao julgar todo mundo seu igual. Afirma ele, categoricamente: "Mas hoje em dia. Escuta. No Brasil, quem não é canalha na véspera, é canalha no dia seguinte." Acrescenta, adiante: "Não há ninguém que trepe na mesa e diga: – 'Eu sou canalha!' Pois bem, eu digo! 'Eu sou um canalha!' Digo isso de boca cheia! Sou um canalha!" Quer na tentativa de seduzir Edgard para o mal, quer no relacionamento doméstico, Peixoto se compraz na abjeção.

Veja-se a cena de que participa a mulher, Teresa. Peixoto surpreende Arturzinho saindo de sua casa. Teresa está desesperada, porque o amante acaba de romper a ligação, a fim de desposar outra. A situação embaraçosa não inibe Peixoto de pedir dinheiro à mulher, para comprar novo automóvel. A sordidez reles parece ser sua matéria-prima. Acresce que Peixoto (mais uma personagem marcada por essa característica) gosta da cunhada, Maria Cecília, prometida a Edgard. Dócil aos caprichos dela, havia promovido a curra em que vários crioulos a violaram.

Exemplificando a crença rodriguiana segundo a qual não há canalha integral, crápula absoluto, Peixoto desmascara para Edgard a personalidade de Maria Cecília, na tentativa de impedir seu casamento. Para ele, personagem expressionista, capaz de atingir a última degradação (evoque-se o exemplo popular do professor do filme *O anjo azul* de Sternberg), está traçado o destino maldito. Em cena que não poupa também a melodramaticidade, Peixoto reconhece que nem ele nem Maria Cecília merecem viver. E mata-a e se mata, purgando todos os males. A reviravolta não surpreende, porque Nelson havia feito Peixoto chegar ao fundo do poço, do qual a única saída era a morte.

A personagem mais vigorosa de *Bonitinha* é Werneck, súmula dos donos da vida pintados pelo autor. Continuador de Abelardo I, de *O rei da vela*, obra-prima de Oswald de Andrade, ele não se mostra o capitalista sinuoso, que esconde em falsa generosidade a sede única de poder. Caberia chamá-lo cínico, pela lucidez franca em utilizar as regras do jogo. Dr. Heitor Werneck tem conhecimento profundo do homem, só que de sua natureza abissal. A dimensão ética há muito lhe parece engodo.

Dr. Werneck põe as cartas na mesa, na primeira fala a Edgard. Ele o patrão, o outro, seu empregado. Desmente o jovem, que diz ter entrado há onze anos, na companhia, na função de auxiliar de escritório. Retifica: foi admitido como contínuo. E explica: "Interessa a mim que você seja um ex-contínuo pelo seguinte: – porque o ex-contínuo dará valor ao dinheiro, à posição, à classe de minha filha." Werneck deseja que Edgard se sinta inferior a Maria Cecília. Ao tratar o casamento como contrato financeiro, em que estivesse adquirindo o genro, Werneck ridiculariza Edgard, que observou preferir separação de bens. Werneck não se dá por achado, quando ouve, em resposta a tudo, um palavrão.

No contato seguinte, aliás, chama o que houve entre eles, "como o brasileiro diz, um mal-entendido". E acrescenta: "O brasileiro é cínico pra burro". Edgard reclama que voltou para o emprego, mas não lhe dão trabalho. Werneck recomenda que ele fique em casa e só vá receber. Ouvindo de Edgard que não é Peixoto, Werneck atalha: "Engano. No Brasil, todo mundo é Peixoto." Nelson colocou esse diálogo numa situação especial, em que Werneck acaba de tomar massagem e está nu, envolto num lençol. Ele pede para Edgard coçar-lhe as costas e diz sentir-se um Nero de filme. As sandálias que usa são do Nero de Cecil B. de Mille – consciência do próprio *kitsch*.

Essa aparição de Werneck prepara a que ele fará, próximo do desfecho, e sem dúvida o clímax da peça. O milionário, já bêbado, está no palacete da Gávea, em companhia de grã-finos, para uma festa apocalíptica. A brincadeira que propõe é uma sessão pública de psicanálise, ou simplesmente um jogo da verdade, em que todos devem confessar as vergonhas íntimas. Trata-se de psicanálise de galinheiro, mas ainda assim psicanálise. E Werneck observa que, "Para a mulher, a psicanálise é como se fosse um toque ginecológico – sem luva!"

O dramaturgo faz questão de documentar o amoralismo, sobretudo de fundo sexual, das classes financeiramente privilegiadas. A grã-fina Ana Isabel revela, na presença do marido, que seu michê mais baixo foi na inauguração de Brasília: um rapaz descalço, imundo, que trabalhava numa obra, deu-lhe 75 cruzeiros. E Werneck tem humor para perguntar: "Por que os quebrados?" Já o michê mais alto foi de 250 mil cruzeiros, para pagamento de conta em costureira. Basta essa confissão para uma velha sentir necessidade de abrir-se: antes que o marido morresse – e ela o amava – se entregou ao primo. Um daqueles desvãos insondáveis da mente, em que, no desejo masoquista de agredir-se, a criatura conspurca o que tem de melhor.

Está preparado o clima para Werneck trepar no divã e berrar o seu apocalipse – fim de mundo que se confunde com o fim de uma classe social. Se o homem não domina o seu destino e está sujeito a forças incontroláveis, tudo é permitido (nova fórmula do conceito dostoiewskiano): "Um momento. Quero dizer o seguinte. Cala a boca. Esse negócio de guerra nuclear. Sei lá se daqui a 15 minutos. 15 minutos. Vou levar um foguete russo pela cara. Estou dando adeus. Adeus à minha classe, ao meu dinheiro. Estou me despedindo. Posso ser, de repente, uma Hiroshima. Hiroshima, eu. Eu, Nagasaki. Portanto, hoje vale tudo! tudo!"

A essa altura, as três irmãs de Ritinha já haviam sido conduzidas para a curra e ela surge desesperada, na tentativa de salvá-las. Típico representante do poder econômico, Werneck se exprime num único estribilho: "Eu pago!" Exclamação idêntica à de Abelardo I, que aplaca, ao dispor-se ao pagamento em dinheiro, qualquer dívida moral. Werneck nem se preocupa com a violência do estupro. A medicina restaura o hímen e "a pequena sai mais virgem do que entrou". Para Werneck, o importante é o seu processo interior de personagem expressionista, na voragem do aniquilamento. Ele completa a tirada anterior: "Eu estou me despedindo. Estou dando adeus. Adeus às minhas empresas, aos meus cavalos! Cavalos, adeus! Nós vamos morrer. Tudo vai morrer. E você (dirige-se a Ritinha). Você vai dançar nua. Mas antes, me xinga! me dá na cara!"

Mesmo Werneck tem necessidade de punição. Outras personagens já haviam expresso a falta de auto-estima, que exigia castigo. Citem-se, só de *Os sete gatinhos*, Noronha, que deseja ser chamado de contínuo; Aurora que, ao entregar-se, quer que Bibelot a xingue e lhe bata na cara; e Dr. Bordalo que, dispondo-se a possuir Silene, adolescente que viu nascer, pede a Aurora, irmã dela, para cuspir-lhe no rosto. A velha, antes de Werneck, havia rogado que lhe cuspissem na cara. O Negro, na curra de Maria Cecília, diz a ela: "Ou tu me acha negro? Então, me xinga de negro!" E o milionário se reequilibra ao voltar para casa, onde a mulher o espera, chamando-o "meu amor". D. Lígia insiste sempre em que Werneck ostenta aparência de maldade, quando no fundo é bom. Nelson timbra sem preservar a transcendência, depois de saturar o homem na abjeção.

Bonitinha liga dinheiro a desregramento sexual, numa crítica implícita à classe privilegiada. Essa crença tem indisfarçável fundo cristão, algo como "é mais fácil um camelo passar pelo buraco de uma agulha do que um rico entrar no reino dos céus". A falta de auto-respeito e de respeito aos outros está entre os sintomas dessa classe, em que o poder financeiro se coloca na razão direta da decadência ética. O dramaturgo não faz análise social ou econômica do problema, limitando-se a fixá-lo com a sensibilidade do ficcionista. Parece, ao contrário, que ascensão material tem corolário numa espécie de estigma, fatalidade que destrói a família. Peixoto diz uma réplica elucidativa a respeito: "Toda a família tem um momento, um momento em que começa a apodrecer. Percebeu? Pode ser a família mais decente, mais digna do mundo. E lá um dia, aparece um tio pederasta, uma irmã lésbica, um pai ladrão, um cunhado louco. Tudo ao mesmo tempo."

Exemplificadoras dessa convicção, Teresa e Maria Cecília, filhas do Dr. Werneck e D. Lígia, não recuam ante nenhum valor. D. Lígia permanece incontaminada pela atmosfera desagregadora, genuína mãe de família que gosta do marido e procura consertar seus arroubos cafajestes. Resignada – seria possível chamá-la. Mulher passiva, anterior à revolta feminina, mero apêndice do homem, buscando, no consolo religioso, compensar as frustrações de toda espécie. D. Lígia assiste, atônita, à derrocada familiar.

Teresa recebe o amante em casa e, desesperada pelo abandono, recusa ao marido o dinheiro que lhe comprava a submissão. A psicologia de Maria Cecília é mais complexa. De início, pode-se pensar que Ritinha seja a "bonitinha, mas ordinária", porque é prostituta e forma ao lado de Edgard o duo central da peça. Verifica-se, depois, que o autor reservou para Maria Cecília o título, de evidente apelo promocional.

Mais do que o pai ou o amante Peixoto, Maria Cecília vive a inteira degradação moral. Na primitiva versão, finge-se vítima do estupro dos crioulos, que a subjugaram em local deserto, quando enguiçou o carro em que Peixoto a ensinava a dirigir. O episódio, assim narrado, serve para que a família lhe arranje marido, já que o desvirginamento ainda era, na ocasião da estréia, impeditivo de matrimônio normal. Supõe-se que a compra de um marido de condição inferior deixaria aberto o caminho para Maria Cecília continuar o caso com o cunhado, outro sintoma de moralidade pouco rígida. O próprio Peixoto retifica, depois, a aventura do estupro, e restabelece a verdade. Lendo no jornal da empregada a notícia de uma curra, Maria Cecília, que se sensibiliza apenas por estímulos fortes, convence Peixoto a empresar para ela uma situação semelhante.

O diálogo cria suspense em face de Cadelão, apelido feliz, de conotações sugestivas. Seria ele o nome de um negro, protagonista da curra. Cadelão povoa os sonhos de Maria Cecília que, em ato falho, chama Edgard por esse nome, provocando a repulsa dele. Convertido de anjo perverso em salvador, Peixoto revela ser ele Cadelão, apelido vindo dos bancos escolares. Ao designá-lo assim, Maria Cecília cedia a impulsos eróticos não-convencionais. E um gosto vicioso e decadente estava também em achar lindo ser esposa de um ex-contínuo. O assassínio de Maria Cecília, ainda que não tenha o propósito expresso, representa a condenação implícita do mal que ela encarnava.

Bonitinha não faz economia de personagens. Nelson deu maior atenção a Edgard, Ritinha, Peixoto e Werneck, mas todas apresentam caracteres definidos, em pinceladas sintéticas. E não apenas Maria Cecília ou a irmã Teresa. Já se viu como duas grã-finas – Ana Isabel e a Velha – se definem, na festa de Werneck. Há numerosos outros papéis, às vezes de simples suporte, às vezes apresentando silhueta nítida, numa única passagem pelo palco.

Entre as personagens secundárias, D. Ivete, mãe de Edgard, é aquela que mais exigiu do dramaturgo. Nutre-a o ressentimento pela vida miserável, num edifício que nem água tem. Do marido, guarda uma triste imagem – orgulhoso que deu para beber, e morreu dizendo palavrões. Edgard parece-lhe o retrato do pai – não recebe o cheque, tão acalentado para melhorar o duro cotidiano. A sensatez popular volta-a contra o moralismo rigoroso, que impede uma existência decente. O fim do marido, apesar do orgulho ou por causa dele, foi o hospício. E ela vaticina idêntico destino para o filho, lamentando que ele tivesse nascido. Nelson julga severamente aqueles que deveriam encarnar a generosidade. Assim como até a mulher suspeitou de Arandir, em *Beijo no asfalto*, a mãe condena a intratabilidade moral de Edgard.

As irmãs de Ritinha ilustram o desamparo adolescente, numa casa em que a mãe não as reconhece. Alírio, namorado de uma delas, Aurora, é a promessa de delinqüente juvenil. Osíris, o porteiro, pinta-o como flor que não se cheira. Conta que ele cegou um gato com a ponta de um cigarro e, com a gilete, raspou a perna de um passarinho, cúmulo da maldade gratuita. É Alírio quem leva as meninas para a curra, na festa de Werneck. Em função oposta à de Alírio está Osíris, apoio de Ritinha para ela localizar as irmãs. O porteiro retribui a bondade de Ritinha, que havia recomendado homeopatia para o seu filho.

Em rápida cena, Pau de Arara dança com Ritinha, dando cor local ao lupanar em que ela trabalha. E, entre as personagens episódicas, duas simbolizam a presença da realidade, que interrompe os extravasamentos sentimentais: o coveiro luso, informando ao casal em idílio, dentro do túmulo, que dali a pouco chegará o enterro de um brigadeiro; e o leproso Nepumuceno (nome que já aparecera em *Dorotéia*), a cabeça enrolada em gaze e a roupa em trapos, brandindo a muleta para reclamar a sua vez, na intimidade sexual. Curioso, porém, que Edgard interprete a chegada desse leproso como providencial – ele o salvou e salvou Ritinha de um ato amoroso precipitado, que poderia comprometer o futuro da relação.

Para mover tantas personagens em ambientes múltiplos, Nelson precisaria abandonar as exigências convencionais do teatro. A peça não prejudica um efeito, em função dos limites do palco. A narração de episódios corre o risco de apequenar a força dramática e, por isso, o dramaturgo prefere vivenciá-los, em *flashback*, se no passado, ou por meio da tela, se no presente. O *flashback* é utilizado para Maria Cecília fazer a falsa narrativa da curra que sofreu, bem como para Ritinha evocar os diálogos do presidente da comissão de inquérito, que determinaram seu infortúnio.

Mais do que em outro texto, Nelson recorre às projeções. Se o cinema se vale com freqüência do teatro, por que o teatro não mobilizaria os recursos cinematográficos? Projeta-se o quarto de Peixoto e Teresa, logo que Arturzinho o deixa. Aparece na tela o colégio em que Ritinha leciona, junto às crianças. Depois, o portão do Cemitério São Francisco Xavier e, adiante de um túmulo aberto, o panorama dessa necrópole. Adiante, a tela mostra um detalhe do clube Itanhangá, em que Peixoto e Edgard dialogam, tendo ao fundo uma partida de pólo. No próprio *flashback* da curra de Maria Cecília, o rosto ensangüentado de Peixoto é visto na tela. O edifício onde moram Ritinha e Edgard é também projetado, bem como a cena em que ele e a mãe estão no tanque. Para mostrar a aflição da jovem no encalço das irmãs, exibe-se a corrida do táxi. Finalmente, comprovando a importância que Nelson atribui ao recurso, Ritinha e Edgard correm, na cena final, em direção à praia e, nas duas últimas falas, vê-se na tela o amanhecer no mar. As projeções dão flexibilidade aos quadros, progredindo os episódios no ritmo indispensável ao dinamismo do entrecho.

Em quaisquer campos está presente a imaginação do autor. Ele próprio citava a idéia insólita de Maria Cecília promover a curra, ao invés de ser a vítima inocente. Tamanha ousadia o deixava fascinado. Mas considero invenção ainda mais pessoal, antológica na dramaturgia rodriguiana, o encontro de Ritinha e Edgard numa cova do Cemitério São Francisco Xavier. Tivesse o casal recursos e se dirigiria a um apartamento confortável (naquele tempo, não estavam popularizados os motéis). Pode-se admitir que, morbidamente, Edgard associa o amor à morte, como se eles caminhassem juntos. Talvez à revelia do autor, a escolha reflete, também, a dificuldade econômica dos desprotegidos da sorte, que não têm onde amar. A estranheza da situação não escapa ao autor, que faz Edgard dizer: "E sabe lá se eu gosto de morrer com as minhas namoradas? Mas dane-se a morbidez. É o último beijo, o último. O nosso adeus!"

Bonitinha, mas ordinária é a primeira peça de Nelson Rodrigues sem final trágico (o de *Viúva, porém honesta* não é, também, mas trata-se de farsa e, no momento do último beijo, já se antevê traição). Eu me pergunto por que, só na 14ª obra, ele se permitiu um desfecho otimista, ou ao menos de promessa de esperança. Não é difícil responder – e não há incompatibilidade entre essa visão e a do restante da obra. Continua presente a tragicidade do destino humano, sobretudo no crime e no suicídio de Peixoto.

É lícito, por outro lado, indagar: que futuro aguarda Edgard e Ritinha? Ele queima o cheque tentador e não teria condições de continuar no antigo emprego, sob as ordens do Dr. Heitor Werneck.

E Ritinha, a ele unida, não tiraria mais o sustento da prostituição de luxo. Sua família (a mãe e as três irmãs) não teria de que sobreviver. Nelson seria ingênuo, se considerasse *happy end* a conclusão de *Bonitinha*.

O significado dessa solução atende a outro reclamo da personalidade do autor. Está em jogo sua profunda natureza moral. A condição humana, por certo, é trágica. A realidade destrói qualquer sonho. O homem não comanda a sua vida, na medida em que fatores imprevisíveis (a bomba atômica a que se refere Werneck, por exemplo) podem ceifá-la. A morte nega o anseio de eternidade. O efêmero é a única matéria concreta.

Não obstante essas certezas paralisadoras, tem-se no íntimo um valor que resiste a todas as contaminações – a confiança numa dignidade incorruptível. Elo subterrâneo aproxima os protagonistas de *Bonitinha*: a visão apocalíptica de Werneck se apazigua no reconhecimento de sua bondade pela mulher; Peixoto purga no suícidio a sua fraqueza, depois de salvar Edgard de Maria Cecília; e Edgard, por fim, destrói o cheque humilhante, construindo-se como homem. A tragicidade fundamental não contradiz a existência como aventura transcendente.

TODA NUDEZ SERÁ CASTIGADA

Toda nudez será castigada, estréia de 21 de junho de 1965, no Teatro Serrador do Rio de Janeiro (direção, mais uma vez, de Ziembinski, e desempenho de Cleyde Yaconis no papel de Geni, que várias atrizes tiveram receio de interpretar), fechou, durante muitos anos, a obra cênica de Nelson Rodrigues. Ela encerra, como décima quinta peça, o quarto volume do *Teatro quase completo* do autor. Nelson só voltaria a escrever para o palco *Anti-Nelson Rodrigues*, nove anos depois, em 1974. Cabendo ser considerada a última produção de um ciclo, *Toda nudez* exacerba as características do dramaturgo. E sem perder em nenhum momento a teatralidade, permite-se fazer algumas reflexões sobre o ser humano, em réplicas sucintas e contundentes.

Lembre-se que *Vestido de noiva* abre com os sinais indicadores de um atropelamento, no plano da realidade, tornando-se depois a projeção exterior da mente da agonizante, nos planos da memória e da alucinação. Em *Valsa nº 6*, uma adolescente, também em agonia, reconstitui, pela projeção exterior de seu cérebro, o pequeno mundo em que viveu. *Boca de ouro* concentra seu foco nas três versões apresentadas sobre o protagonista, já morto. A matéria dramática de *Toda nudez* brota de achado semelhante: Herculano chega de uma viagem. A criada negra entrega-lhe um embrulho, logo identificado como gravação. É a voz da mulher, Geni, que àquela hora já se matou. Partindo do presente, toda a ação se resume a um grande *flashback* da narrativa de Geni, em que a história se desnuda aos poucos para o público.

O procedimento, comum a quatro das dezessete peças, desafia as regras tradicionais da dramaturgia, segundo as quais a ação caminha para construir um desfecho. As personagens atuam, no correr dos diálogos, a fim de chegar a determinado objetivo. Salvo na tragédia grega, em que o prólogo muitas vezes narra o que se passou, enquanto os episódios realizam em seguida a dramatização dos fatos, em geral se passa, no teatro, da ignorância ao conhecimento de uma trajetória. Nessas quatro peças, o presente de Nelson está delimitado, a ação deixa de construir o futuro. *Les jeux sont faits* – pode-se afirmar. A tragédia desabou inapelavelmente sobre os protagonistas: acidente ou suicídio (ao menos inconsciente) em *Vestido de noiva*; assassínio em *Valsa nº 6* e *Boca de ouro*; e suicídio em *Toda nudez*.

A vida que sobra dessas tragédias tem continuidade no máximo irônica. A mente de Alaíde projeta, em *Vestido de noiva*, o casamento do marido, agora viúvo, com a irmã. O universo apaga-se na última palavra de *Valsa nº 6*. D. Guigui, a narradora de *Boca de ouro*, assassinado o seu amor, acomoda-se no casamento de conveniência. Morta Geni, não se vislumbra saída para Herculano. Ele escuta apenas, terminada a gravação da voz de Geni, os sons de fita invertida, iluminando-se a cama vazia. Em surpreendente mas fundamentada solução, seu filho Serginho, que fora amante da madrasta Geni, partiu para o estrangeiro em companhia do ladrão boliviano, que o havia estuprado na cadeia.

Tragédia carioca – não será difícil reconhecer. Embora o dramaturgo tenha indicado "obsessão em três atos", gênero não encontrável nos compêndios de estética teatral. Feliz substantivo, que sintetiza o espírito e o clima da peça. Obsessão nos propósitos enraizados de todas as personagens. Obsessão no ritmo opressivo dos acontecimentos e na força contrastante das paixões. Obsessão em não esquecerem o estupro. Tudo parece suspenso por um fio. Patrício diz, a certa altura: "o ser humano é louco! E ninguém vê isso, porque só os profetas enxergam o óbvio!" No mesmo diapasão, em outra cena, Herculano afirma: "... há entre nós e a loucura, um limite que é quase nada". Essa a matéria de *Toda nudez*.

Sem repetir os velhos conceitos de bem e mal, que acabaram por se mostrar insatisfatórios na ficção contemporânea, Nelson traz à tona os abismos em que, muitas vezes, se perdem as criaturas aparentemente mais comuns. Herculano casou virgem e, morta de câncer a mulher, daria por findo seu trânsito terrestre. "O único luto do Brasil", por ser casto é, segundo Nelson, um obsceno. Herculano despertaria seus demônios interiores por meio da mulher, do sexo. Conservando-se semivirgem, preso à memória da defunta, essa mulher tem que ser da zona. Lançado vertiginosamente para Geni, quando a bebedeira obscurece suas reações conscientes, Herculano fica ao lado dela, no primeiro contato, 72 horas ininterruptas. O herói expressionista joga-se de cabeça na aventura extrema.

As contradições de Herculano acham-se perfeitamente fixadas. Homem rico, da alta burguesia, "o melhor partido do Brasil", poderia ter evitado a falência do irmão Patrício, mas nada fez. A esposa foi a única mulher que ele conheceu, "carnalmente falando" (e, assim mesmo, só "De mês em mês (...) fazia o papai e mamãe, de luz apagada"). Viúvo, move-se entre o filho Serginho e as tias solteironas, além do irmão Patrício, os quais formam o mórbido círculo familiar. Tendo idéias estanques do mundo, de início recusa Geni, por pensar que, "Assim como se nasce poeta, ou judeu, ou agrimensor – se nasce prostituta!" Herculano afirma que deveria estar enterrado com a mulher e só não mete uma bala na cabeça por causa do filho. Desperto dos três dias em que se afogou em Geni, tendo feito amor doze vezes, criva-a de qualificativos desumanos (nojentinha, vagabunda, mictório público), para depois desculpar-se.

Na bebedeira, Herculano confidenciou a Geni que a falecida era uma chata (Patrício, aliás, fala que "De cada mil mulheres, só uma não é chata sexual. Novecentos e noventa e nove são irrespiráveis"), tinha varizes e as coxas separadas, para, lúcido, chamá-la de santa. Na cama, pediu a Geni para dizer palavrões, quando confessa horror de mulher que os pronuncia. Hesitante em procurar de novo a prostituta, ele reaparece, com a frágil excusa da solidariedade: Geni disse suspeitar que surgiu uma ferida (câncer) no seio. Herculano explode um palavrão para gritar que, a partir daquele momento, não admite que ninguém mais encoste o dedo nela.

A formação religiosa proíbe que Herculano mantenha relações com Geni. Se deseja tirá-la dali – confessa – é por humanidade. O que não o impede de começar a preparar-se para um último contato sexual, que ela frustra, exigindo: "Você só toca em mim casando!" Em pormenor revelador e delicioso, Herculano agora põe talco nos pés (procedimento condenado por Serginho, como se fosse obsceno, no que estão de acordo as tias). Fica 28 dias sem procurar Geni e, ao encontrá-la, propõe que ela deixe tudo, não voltando ao prostíbulo nem para apanhar a roupa. Dentro da velha concepção ritualística do matrimônio, Herculano fala a Geni: "Você vai ter sua noite de núpcias, como se eu fosse deflorar você".

O filho continua a ser a dificuldade para a união de Herculano e Geni, decidindo não viajar mais. Adia-se o casamento, em razão da pusilanimidade do pai. Humilhada, Geni exige que Herculano beije os seus sapatos, como havia beijado os dele. A degradação e os soluços não comovem a amante, que tem um esgar de nojo. Segue-se um processo sexual compulsivo, como se o comércio carnal, desvinculado das núpcias, se alimentasse apenas de baixos apetites. E foram três dias e três noites de loucura, num erotismo sadomasoquista interrompido por uma tia, que vem anunciar a violação de Serginho. Em verossímil compensação da culpa sentida, Herculano insulta Geni de "cachorra".

Não se deveria esperar uma reação racional de Herculano. Homem extremado, ele invade a delegacia, armado para matar o ladrão boliviano, que, evidentemente, havia sido solto. Obceca-o a idéia de obter o perdão do filho. E, ao invés de ser perdoado, Herculano se torna vítima do maquiavelismo de Serginho, que exige o seu casamento, para então traí-lo. O matrimônio, civil e religioso, que seria a pacificação dos impulsos contraditórios de Herculano, se transforma na marca da tragédia que o espera. Formidável logro, votando-o à solidão irremediável.

Nelson deu a Herculano, que tem 42 anos, a tessitura dos inocentes, dos ingênuos, dos indefesos em face das armadilhas do dia-a-dia. Sem a provocação de Patrício, exibindo-lhe a fotografia de Geni nua e embebedando-o, provavelmente ele não romperia a castidade que se propôs cultuar, morta a mulher. Comandando, na aparência, o próprio destino, na verdade ele é joguete do irmão, de Geni e do filho, que traçam o caminho de sua perda. Temperamento radical, Herculano não se curva ao preconceito do matrimônio com uma prostituta. A vocação de abismo lhe ditará a trajetória desamparada.

Geni não pode ser vista como a prostituta convencional, se é que ela existe. Além da beleza, sobretudo dos bonitos seios, e de ter cursado o científico, a primeira imagem que apresenta é a da recusa de novo sexo grupal, que supõe será proposto e não fará por dinheiro nenhum. Cisma que vai morrer de câncer no seio e se diz fatalista, certamente marcada pela maldição materna, força que desorienta seus passos (ainda uma vez, o ódio da mãe pela filha, presente já em *Álbum de família*). Na gravação, Geni confessa a Herculano que se interessou por ele de cara: "Talvez porque havia uma morta. Uma morta entre nós dois. E a ferida no seio" (registre-se, também aqui, a motivação mórbida).

Após as 72 horas na cama, Geni não pode considerar Herculano um cliente comum e, gratificada, alimenta o seu instinto maternal, chamando-o "filhinho". Não é por charme profissional que Geni fala: "De ti eu gosto! Gostei! Dos outros, não." A praga materna, quando tinha 12 anos, fez Geni "dizer de boca cheia que nunca fui menina". Para Patrício, ela admite que "tarou" por Herculano. Mas, por ele manipulada, impõe ao amante a condição de só tocar nela, outra vez, casando.

A espontaneidade leva Geni a fazer observações pertinentes, que enchem o diálogo de sabor. Explica ela, por exemplo, que basta a presença de Herculano para ficar "molhadinha". Ouve, em resposta, que os valores femininos devem ser a insinuação e a delicadeza, nao se fazendo de rogada para treplicar: "Desconfio que você gosta de apanhar". E acrescenta: "De vez em quando, você tem uns fricotes de bicha!" Embora estivesse comprando casa e perguntasse a Patrício se Herculano não era "pão duro" como ele, em nenhum momento Geni se motivou por apetite financeiro.

Não lhe agradavam, por certo, as vacilações de Herculano, relegando-a às vezes a plano secundário. Por isso, após a "lua de mel de três dias", Geni diz que volta para a zona, seu lugar. A discussão poderia prolongar-se, se a tia não a interrompesse, para participar o estupro de Serginho. A notícia provoca a solidariedade de Geni, que supera as questões pessoais, afirmando que fica. Herculano necessitaria dela, mas as razões de Geni prendem-se a estímulos psicológicos mais complexos: "Herculano, eu preciso ter pena. O meu amor é pena. Eu estou morrendo de pena. Juro, Herculano! Pena de ti e do teu filho!" O plano de Geni é viver para Herculano e para Serginho.

Por que Geni se empenha em visitar Serginho no hospital, prometendo todas as suas jóias, se Patrício levá-la? Sentimento de culpa, por que a violação do jovem se vinculou a ter sido vista com Herculano? Atração do desconhecido, gesto maternal de proteger uma vítima, tentativa inconsciente do poder feminino de recuperar quem foi violado? Muitas dessas causas devem estar presentes no gesto de Geni. Mas prevalece, sem dúvida, a inclinação incestuosa pelo enteado, semelhante à de D. Eduarda pelo Noivo, em *Senhora dos afogados* – em nova incidência do mito de Fedra.

Ligada conflituosa, tumultuadamente a Herculano, Geni vê em Serginho o amor puro da adolescência, que nunca teve. A ele pode entregar-se inteira, tornando-o ao mesmo tempo homem. Sente que se transformou, e confessa: "Depois que eu conheci o amor, eu não quero ser prostituta nunca mais, nunca mais!" Eco do mito da prostituta que se redime por amor, presença romântica de *A dama das camélias*, já manifestada em Ritinha, protagonista de *Bonitinha, mas ordinária*.

Quando Patrício conta que Serginho partiu com o ladrão boliviano, compreende-se que Geni se veja desapossada de tudo. Machucada, explode o ressentimento. O desamparo é agora total e definitivo. Antes, ao aproximar-se de Serginho, falou em vingança – não a vingança precisa, contra um ato determinado –, mas o sentimento genérico, próximo da mágoa existencial, nascida sem dúvida da maldição materna. Disse ela: "me vingo de ninguém!" Agora, ao matar-se, Geni deseja apagar completamente sua passagem pelo mundo – nem quer o nome no túmulo. E amaldiçoa Herculano, Serginho e toda a família, "só de tias". Amaldiçoa por último os próprios seios, como origem do mal. A recusa violenta de tudo, testamento de Geni, faz de *Toda nudez*, possivelmente, a peça mais pessimista e amarga de Nelson.

Pertencente à mesma família de personagens de Amado Ribeiro, o jornalista de *Beijo no asfalto*, Patrício move os fios da ação, com eficácia maligna. Seus sentimentos em relação a Herculano são contraditórios: odeia-o, porque não evitou sua falência; e não quer que ele morra, porque dependem do irmão os tostões que gasta. Dizendo-se o cínico da família ("E os cínicos enxergam o óbvio"), sabe que a mulher, o sexo, reerguerá Herculano, e prepara Geni para recebê-lo. Assim como prepara o irmão para procurá-la, realizando-se nesse simulacro de poder.

Numa família de castos, Patrício julga-se a exceção, por ter tido a primeira experiência sexual com uma cabra – fato que lhe valeu, na infância, o tratamento dispensado aos leprosos. Conhecedor da psicologia do irmão, estimula Geni a falar que Herculano só tocará nela após o casamento. A seguir, conta a Serginho que o pai teve a louca aventura sexual. E não se peja de pedir que Herculano pague o automóvel de segunda mão que adquiriu.

É Patrício quem leva Serginho a ver o idílio noturno do pai no jardim. E sugere ao sobrinho exigir que Herculano case, para, por vingança, traí-lo. Curiosamente, não falha nenhuma das tramas urdidas por Patrício. Nelson atribui-lhe poder excepcional, normalmente associado às figuras demoníacas. Tudo se cumpre em obediência aos desígnios de Patrício. Sua última aparição se destina a contar a Geni a viagem de Serginho, em companhia do ladrão boliviano. No aeroporto, recebeu um cheque do sobrinho, para não fazer escândalo ("Não foi por bondade. Ninguém é bom comigo"). A fúria ressentida de Patrício, contradizendo o temor inicial de que o irmão morresse, deixando-o desamparado, termina nesta tirada: "Hei de ver Herculano morrer! Hei de ver Herculano morto! Com algodão nas narinas e morto!"

O texto subordina o propósito de vingança de Patrício à omissão de Herculano, que não o salvou da falência. A circunstância, porém, parece insuficiente, para explicar tamanha perversidade. Nesse "álbum de família", insinua-se a imagem de Caim e Abel, modelo ancestral dos ódios fraternos. Em toda a peça, não se vê

Patrício a não ser no papel de conduzir o fio narrativo – manipulador de verdadeiras marionetes, sem outra vida a justificá-lo (e ele tem consciência do fenômeno, dizendo a respeito do sobrinho: "O garoto está maluco. Mas é uma loucura que aderna para um lado ou para outro, segundo a minha vontade").

Serginho surge em cena somente no segundo ato. Entretanto, antes já se prestam informações sobre ele. Herculano fala que Serginho tem 18 anos e, "Quando a mãe morreu, quis se matar, cortando os pulsos. E meu filho não aceita o ato sexual. Mesmo no casamento." Por que esse radicalismo? A explicação óbvia vem do complexo de Édipo exacerbado. E os diálogos aludem, aos poucos, aos métodos educativos que foram moldando a personalidade. Até hoje, uma tia é quem dá banho em Serginho, enquanto as outras assistem.

O filho cobra do pai, chamando-o de "senhor" e não mais de "você", o luto, a ida ao cemitério, o amor da mãe. Ele acha "lindo uma família de luto fechado" (parece-lhe pouco o uso da gravata preta), vai todos os dias ao cemitério e conversa com o túmulo da mãe: "Mamãe me ouve! Não responde, mas ouve! E, à noite, entra no meu quarto". Serginho reclama, no começo, a castidade integral do pai, para desabafar: "Eu preferia não ter nascido! Preferia que minha mãe morresse virgem, como minhas tias, que ainda são virgens". Raciocínio semelhante ao de Guilherme, em *Álbum de família*, ao observar que a mãe não é pura, por ter casado e conhecer o amor.

Consultado, o médico da família não esconde que tem a pior opinião possível sobre Serginho. Espanta-o a ausência de vida sexual do adolescente, que nem conhece o prazer solitário. Um remédio imediato: afastá-lo das tias. Terapia não referendada por padre Nicolau, temeroso de que Serginho não esteja preparado para a solidão. Sabe-se depois que, levado pelo tio, o jovem vê o casal, nu, no jardim da residência suburbana. Bebe, briga, é preso e, na cadeia, viola-o o ladrão boliviano.

No leito do hospital, Serginho fala a Patrício que matará Geni. Ele renega, também, aquele pai. Os dois – acredita – fizeram-no perder a mãe, que não voltou, por vergonha e nojo dele (note-se como a descoberta do sexo, embora naquelas condições, afasta a inibidora imagem materna). Serginho diz que não tem pai e que não irá ao seu enterro – talvez, na mitologia brasileira, a mais terrível forma de repúdio a quem nos gerou.

A Patrício, o sobrinho revela ter descoberto que não gostou nunca do pai: "Mesmo antes de mamãe morrer. Sempre odiei e não sabia". Daí o tio tramar a vingança contra Herculano, que ouviria do filho uma só palavra, por sinal deliciosa: "cabrão". Quando Serginho ordena a Geni que tire a roupa, esclarece que não é desejo: "Estou vingando minha mãe! É vingança!" E, por considerar que prostituta não é infiel, ele não sente que traía o pai. Quer que Geni volte como sua madrasta.

Nelson foi sensível à mudança de Serginho, moldado pela prática sexual. Patrício pergunta quando ele vai chamar o pai de corno, mas falta ao sobrinho certeza da intensidade do ódio. O jovem indaga a Geni se ela não o atraiçoa com o pai. A intuição faz a mulher perceber que, há algum tempo, o pensamento do amante está longe. Serginho confessa, então, que decidiu viajar. Em Paris ou Londres, seria igual aos outros – "Eu preciso ver gente que não saiba". Mera desculpa, pois no estrangeiro não provocaria escândalo a companhia do ladrão boliviano. Geni ainda nota que ele já comprou uma porção de livros em espanhol. E, atendendo a seu pedido, acaba por falar: "Parte, parte, oh, querido, querido!"

Pode-se pensar que Serginho é o único realizado, entre as personagens centrais da peça? (Não cabe esquecer, também, que Patrício, por meio dele e de Geni, se vingou do irmão). De certa forma, embora por diversa inclinação, o jovem repetiu o itinerário do pai. Mais casto do que ele, afogou-se no sexo, para se encontrar no homossexualismo. Caminhou da pureza absoluta ("Meu sobrinho era impotente como um santo!", sentenciou uma tia) para a perversão do prazer masoquista.

Salta um denominador comum entre três das quatro personagens centrais de *Toda nudez* – Geni, Patrício e Serginho: o móvel da vingança. Em Geni, a vingança de "ninguém", que se aparenta ao ressentimento contra a vida; em Patrício, a vingança do irmão, semelhante também ao ressentimento; e, em Serginho, a vingança do pai – expressão característica do complexo de Édipo. E, dentro desse jogo psicológico, seria lícito indagar qual a parcela de responsabilidade do "inocente" pai-provedor-amante Herculano.

As três tias compõem o coro familiar, de que a obra de Nelson mostra outros exemplos. Primas e tia formam um coro em *Anjo negro*, assumindo as vestes de Tia Assembléia e Tia Solteirona em *Viúva, porém honesta* (em *Doroteia*, elas são as primas que paralisam a vida). De luto, em *Toda nudez*, tendo "morrinha", nem um nome as distingue, embora exerçam funções diversas, porque era importante ressaltar a unidade granítica do que representam. Para elas, Serginho, conversando com o túmulo, seria normal, enquanto louco é quem esquece os mortos.

Quando o médico recomenda a viagem para o sobrinho, as tias reagem. Chegou a hora de cobrar o seu sacrifício: "Nós só temos Serginho!" Concentrando nele toda a afetividade, não admitem ser desapossadas do único bem que amealharam no tempo. Se a idéia é do médico, é preciso retirar-lhe a autoridade. Numa brincadeira que seria inconcebível num simples reacionário, que se orienta apenas por juízos feitos, Nelson faz a Tia nº 1 tachar de comunista esse médico. E a Tia nº 3 pergunta se ele pode ser médico eficiente, amigado com a enfermeira, uma "mulata ordinária". Mais não seria necessário para caracterizar esse coro sufocante.

É a Tia nº 1 que irrompe na casa suburbana de Herculano, para anunciar a violação de Serginho. Seu horror ao homossexualismo está fundamentado numa citação do pai, que dizia: "Pederasta, eu matava!" A tia acrescenta: "Meu pai, se fosse Hitler, mandava matar todos os pederastas". Tudo o que ela fala nasce do incontido fanatismo, que o dramaturgo sub-repticiamente critica.

Uma cena antológica fecha a participação das tias, depois que Serginho as convenceu a aceitarem o casamento do pai e Geni. A Tia nº 2, a mais velha, observa que a noiva "está com uns modos tão bonitos que nem parece uma mulher que", para a Tia nº 1 interrompê-la, indignada, não admitindo o comentário. Insiste a Tia nº 2 e menciona que nem parece que ela foi da zona, para a Tia nº 1 debitar a citação à arteriosclerose da irmã: "Geni nunca foi da zona. Honestíssima! Você é que pôs isso na cabeça, porque está fraca da memória". A Tia nº 1 faz a Tia nº 2 repetir que "Geni se casou virgem". O horror da realidade impõe esse mecanismo de má fé interior, que acaba se transformando em fé verdadeira.

Em pólos antagônicos, o médico e o padre completam o círculo familiar, fundado um na autoridade da ciência e outro, na da religião. Suas intervenções deveriam ser rápidas e cortantes, como de fato acontece. Trazem eles uma verdade exterior ao universo fechado daquela família? A análise fria dos diálogos, no contexto em que se travam, permite arriscar que Nelson não isentou de ironia as convicções que ambos ostentam.

O médico tem uma aparição no segundo ato, em que recomenda a viagem para Serginho, e três outras, breves, no terceiro. Na primeira, nega que a violação impeça o adolescente de ser homem. Na segunda, diz acreditar no homem, e não em milagre, e admite ser um quadrúpede, quando Herculano afirma que, "Se tirarem do homem a vida eterna, ele cai de quatro, imediatamente". E a terceira sintetiza seu pensamento, que exprime também algumas crenças do autor. Herculano indaga se o que houve com Serginho não foi uma ressurreição, para o médico replicar: "É o homem, sempre o homem, Herculano, não há, nunca houve o canalha integral, o pulha absoluto. O sujeito mais degradado tem a salvação em si, lá dentro". O humanismo racionalista do médico sentencia, por fim: "Herculano, o homem é tão formidável que veja você: – houve o que houve com seu filho. Pois essa monstruosidade foi o ponto de partida para todo um processo de vida". Até onde a ironia? Porque, sob outro prisma, o desfecho mostra que o processo de vida de Serginho foi, ao menos para os circunstantes, um logro.

Padre Nicolau, logo na abertura, está impedido de dar a assistência espiritual solicitada para a depressão de Herculano, porque sofre um ataque de asma. Suas entradas acompanham o número das do médico, têm com elas uma relação simétrica e servem em geral de contraponto ao pensamento racional. No segundo ato, o padre desaconselha a viagem de Serginho e, diante do esclarecimento de Herculano, segundo o qual o médico é socialista, emite o conceito caro a Nelson: "socialista, comunista, trotskista, tudo dá na mesma. Acredite: – só o canalha precisa de ideologia que o justifique e absolva". (Malevolamente, não caberia estender o raciocínio à crença que também justifica e absolve?)

A primeira aparição do padre, no terceiro ato, tem o objetivo de aconselhar que Herculano reze: "A oração é tudo!" Na segunda, ele se limita a ouvir Herculano, e o apressa, porque tem um batizado dali a pouco. E a terceira, resumida a quatro réplicas (duas de cada um), revela, em frase lapidar, sabedoria não desprezível. Herculano havia acordado com vontade de perdoar ("Um perdão impessoal, indiscriminado. Perdoar a todo o mundo, sei lá"), ouvindo do padre que não tenha pressa nessa absolvição genérica: "A misericórdia também corrompe". O dramaturgo, de qualquer forma, procura mostrar-se isento em face do médico e do padre, representantes de convicções contraditórias.

Toda nudez introduz uma criada, Nazaré, que é negra, porque em geral essa função, no Brasil, ficou reservada aos descendentes dos antigos escravos. Fiel aos nossos costumes, Nelson faz que ela tenha familiaridade com o patrão, perguntando se melhorou do estômago. Depois, só há referência à criada. Geni esbraveja contra "essa negra, velha e caduca", porque denunciou sua saída de casa a Herculano, ao que ele contesta, citando uma característica nacional: ela o criou e foi sua segunda mãe. Outra personagem episódica é Odésio, garçom de *rendez-vous* de gabarito, onde mora Geni. Seguindo a norma brasileira, ele é efeminado e se seduz pelo "boneco" Herculano, responsável pela proeza de ficar três dias com a prostituta. Garçom semelhante, típico de bordéis, é Pola Negri, de *Perdoa-me por me traíres*.

Resta o delegado. *Toda nudez* o convoca ao abrir-se o terceiro ato, quando Herculano, alucinado pelo estupro do filho, invade a delegacia, para matar o ladrão boliviano. Em poucos diálogos, Nelson desenha perfeitamente o quadro. A autoridade está mais atenta à conversa ao telefone com a amante, já que encara todas as tragédias como rotina burocrática do seu ofício. Das duas às quatro, não recebe ninguém: só depois da cinco horas. A insistência de Herculano provoca a ameaça de prisão por desacato. Explica o delegado que um *habeas corpus* soltou o ladrão, porque "A Lei é cheia de frescuras!" Ele não é o Poder Judiciário e "Polícia é verba!" O Delegado, furioso, diz para Herculano sair da sala e, de volta ao telefone, pede à amante para esperá-lo vestida, "mas sem calça". Delicioso flagrante, em que Nelson, mais uma vez, não poupa a polícia.

Finalmente, quem é esse ladrão boliviano, que não consta do rol de personagens? O fato de ser ladrão boliviano, e não outro qualquer, injeta surpresa, mistério e loucura poética a um estupro que, de outra forma, se inscreveria entre os crimes rudes e prosaicos (ou haverá conotação pejorativa na nacionalidade?). O qualitativo talvez ajude a preparar a espantosa fuga para o estrangeiro. Aliás, diferentemente da conclusão de *Beijo no asfalto*, a de *Toda nudez* está fundamentada e se beneficia de perfeita verossimilhança. Sujeito dos seus 33 anos, "imundo, mas bonito", esse ladrão boliviano se enriquece com imaginoso pormenor: "tinha sido, na terra dele, barítono de igreja. Antes de ser ladrão, ou já era ladrão e cantava nas missas. Também cantava aqui no xadrez". Ausente da cena, o ladrão determina a reviravolta no comportamento de Serginho e, por meio da viagem ao Exterior, o suicídio de Geni.

Nelson cuida dos menores aspectos, comprovando a maturidade do ficcionista. Os achados dão sabor, a cada momento, aos diálogos. Uma senhora – cita-se – salvaria Herculano mais depressa do que o padre. A tia pergunta, rápida: "Espírita?" Serginho indaga ao pai: "O senhor se mataria por mamãe?" Herculano tem a saída brilhante: "Eu sou católico" (sabe-se que o desespero do suicídio é punido pela Igreja). Ao informar que está na cadeia para matar o ladrão boliviano, Herculano ouve do delegado: "O senhor tem porte de arma?"

Há um patético admirável na confissão de Herculano ao padre Nicolau. Dois dias após o enterro da mulher, descobriu o revólver que tinham escondido. Trancou-se no quarto e chegou a introduzir na boca o cano da arma: "Mas isso me deu uma tal idéia de penetração obscena. Desculpe, desculpe! Mas foi o que senti no momento – penetração obscena. Então, então desisti de morrer". São essas observações que asseguram a surpreendente originalidade do dramaturgo, nunca tentado pelo lugar-comum.

A técnica há muito tempo não tem segredos para Nelson. O *flashback* lhe permite atualizar o passado, dando-lhe a força de ação presente. De vez em quando, interrompe-se o diálogo, para se ouvir a voz gravada de Geni. O recurso narrativo facilita as ligações, economiza cenas e impulsiona a dinâmica dos episódios. Dentro de estrita veracidade, muitas situações revividas não poderiam pertencer à memória de Geni. É essa uma liberdade que o dramaturgo se pode conceder, como se havia permitido desde *Vestido de noiva*, abrindo o campo ficcional. Numa técnica puramente acadêmica, parecem desperdício as personagens Nazaré, Odésio e até o delegado, que participam de uma única cena. O dramaturgo não sacrifica a espontaneidade da situação, atendo-se apenas a caracterizar da melhor maneira aqueles que mobiliza para o palco.

Como Nelson concilia o pessimismo feroz do desfecho, a crueza das últimas palavras de Geni e o empenho em explicitar os seus valores espirituais? Aproximando-se, no correr dos anos, de uma espécie de religiosidade jansenista, ele obstina-se em ver a passagem terrestre sob o signo da total escuridão, de que o homem se salva pela graça da fé na vida eterna. Ao médico racionalista, Herculano diz, numa cena: "A vida eterna está com o senhor, mesmo contra a sua vontade!" E, em outra, completa: "Doutor, o senhor não pode viver sem Deus! O senhor tem que acreditar em Deus! Quer queira, quer não, o senhor é eterno!"

Numa variação pessoal da assertiva de Dostoiévski, segundo a qual "Se Deus não existe, tudo é permitido", implícita no desenvolvimento de *Bonitinha, mas ordinária*, Nelson põe na boca de Herculano, falando ao padre: "se Deus existe, o que vale é a alma. Não é a alma?" E se explica: "Ou estou errado? Quer dizer, então, que o fato, a curra, passa a ser um vil, um mísero, um estúpido detalhe. A hemorragia também um detalhe, tudo um vil detalhe!" Para o homem, órfão na terra, a tragédia não passa de "vil detalhe", e marca-o de transcendência a fome de eternidade.

A SERPENTE

A história de duas irmãs vinculadas ao mesmo homem atravessa a obra de Nelson Rodrigues. Desde *Vestido de noiva*, ela aparece em diversos textos, assumindo variações maiores ou menores. Pode-se identificá-la em *Álbum de família*, *Os sete gatinhos*, *Beijo no asfalto* e *Bonitinha, mas ordinária*. Entende-se que a situação seja privilegiada no universo rodriguiano: ela contém muitos elementos psicanalíticos e poéticos, além de apelar para o mito de um sangue fatalizar-se por outro sangue. Em A serpente, a última peça do dramaturgo, escrita em 1978 e estreada no Teatro do BNH do Rio (que hoje se chama Teatro Nelson Rodrigues), no dia 6 de março de 1980, seis anos depois de Anti-Nelson Rodrigues, lançamento anterior, o motivo salta do papel de coadjuvante para o de protagonista.

Seria o caso de conjeturar que Nelson, obsessivo, experimentara as várias formas desse amor incestuoso, até se sentir encorajado a trazê-lo ao primeiro plano, se as entrevistas concedidas logo após a conclusão do texto não indicassem que o tema existia há muitos anos. Afirmou o dramaturgo ao *Jornal da Tarde* (20 de outubro de 1978): "Um autor sempre tem mais de uma peça na cabeça. Fica adiando esta ou aquela e a ordem cronológica acaba não sendo tão cronológica assim. É mais um arbítrio do autor. Quando eu ia fazer o *Vestido de noiva* já tinha *A serpente* na cabeça. Optei pelo *Vestido*, que foi decisivo na minha carreira teatral. Podia ter feito *A serpente* logo depois, mas fiz o *Álbum de família*. Depois saiu *O anjo negro*. O interessante é que meu interesse pela *Serpente* sempre foi profundíssimo". Ou – quem sabe? – não é gratuito pensar que Nelson, por ter adiado tanto tempo a realização do texto, diluiu a história em outros enredos, para finalmente explorá-la em toda a potencialidade.

Teria a situação, descarnada de outros ingredientes, força para sustentar uma peça inteira? Por certo que sim. Resultou um ato único, de pouco mais de uma hora, e, se cabe desde logo mencionar defeito, é o de que algumas cenas poderiam ser mais desenvolvidas, embora se deva proclamar a admirável capacidade de síntese do autor. Não me lembro, aliás, de outra obra tão trabalhada. Antes, Nelson admitia a insatisfação de um desfecho, mas não se animava a corrigi-lo, por considerar a peça acabada, quando lhe punha o ponto final. A falha era parte orgânica, material de impacto sobre o público. Posso testemunhar que o dramaturgo fez ao menos três versões de *A serpente*, na tentativa de superar problemas apontados. Se o texto não rendeu mais é que foi elaborado após uma séria crise de saúde, da qual Nelson a custo se recuperou. Talvez lhe faltasse energia física para trabalho mais fatigante e ele se limitou a aproveitar o conhecido domínio do gênero, para não sepultar antigo projeto.

Como nas peças que a antecederam, o dramaturgo levanta em poucos diálogos, vivos e penetrantes, uma cena de extraordinária nitidez. Nunca se perde tempo com delongas explicativas. O ritmo cinematográfico da composição já surpreende um conflito na essência e o quadro seguinte faz que dados inéditos o impulsionem, bastando uma inteligente elipse para sugerir o que não se explicitou.

A primeira cena coloca a separação do casal Décio-Lígia. A causa: na vigência do casamento, o marido não conseguiu consumar uma só vez o ato sexual. E a impotência o leva a esbofetear a mulher e a dizer-lhe palavrões. Décio transfere para Lígia a própria culpa. Enquanto isso, no quarto contíguo, o casal Paulo-Guida vive em permanente lua de mel. As irmãs Guida e Lígia fizeram pacto de morte, mas acabaram por apaixonar-se, e o matrimônio celebrou-se no mesmo dia e hora. O apartamento dividido entre os casais, presente paterno, vinha selar um destino aparentemente inseparável.

Lígia desespera-se e se dispõe a saltar da janela, no 12º andar do edifício, quando Guida lhe oferece a dádiva salvadora: uma noite com Paulo. Supremo sacrifício, generosidade da irmã – ou que outras conotações revelara o oferecimento? Homossexualidade por procuração? Desejo de provar-se superior? Apaziguamento de culpas antigas? Se Nelson propõe um caso de forte teor psicanalítico, tem a virtude de não desvendar o mistério, segundo pretenso diagnóstico da ciência. Resvalasse a peça para esse campo, o clima poético se banalizaria de modo irremediável. A beleza literária se constrói a partir da sugestão que se abre para mil possibilidades, longe de empobrecedor desenlance, a lembrar o esclarecimento policial de um crime.

É evidente que a noite dos cunhados, que deveria ser única, desperta o vigor adormecido. A plenitude sexual devolve Lígia à vida e ao impulso de realizar-se. As eventuais dúvidas a respeito de Paulo logo se dissipam: ele não se mostra o mero conquistador fácil, que recebe na cama uma mulher. Se, de sua parte, haveria o desejo de cumprir função masculina, o contato com Lígia o perturba e modifica seu comportamento. Ele não consegue mais ser para Guida o que era antes. Não a procura, evita-a, afasta-se dela. Qualquer mulher percebe que esse é o índice de outra atração. Conclui-se sem demora: Paulo ama Lígia e esse amor exclui Guida. Está aí o germe do desfecho de *A serpente*.

Nelson não esquece, porém, suas personagens. Separado de Lígia, Décio poderia desaparecer da trama, como "reles ex-marido" que se torna. A peça acompanha sua trajetória, surpreende-o num sórdido encontro com a lavadeira, "crioula de ventas triunfais", na feliz expressão do dramaturgo. E o símbolo sexual brasileiro (em oposição à mulata do Assírius, que não sensibilizou Oswaldinho de *Anti-Nelson Rodrigues*) tem o dom de vencer-lhe a impotência e descobrir-lhe uma virilidade espantosa. Décio grita aos quatro ventos a fantástica proeza sexual, em meio a observações torpes (e inverídicas) sobre a esposa. A decisiva relação com a crioula serve para preparar a tentativa de reconquista da mulher. Que não se verifica, porque ele é enxotado do apartamento matrimonial, já na antevisão do desenlance trágico.

A tensão dramática avoluma-se de tal forma que os quadros sucessivos servem apenas para sobrecarregar a atmosfera. Inicialmente, Guida controla os movimentos da irmã, para impedir que ela saia de casa na ausência de Paulo. Depois, estimula a saída, como se desejasse propiciar o encontro do casal adúltero. Ao receber de volta a irmã e o marido, alude a seus passos como se os tivesse espionado. Intuição ou testemunho? A ambigüidade favorece a atmosfera ficcional de *A serpente*. Chega-se ao clímax da expectativa.

O epílogo trágico se converte em inevitabilidade, consideradas as forças que o dramaturgo desencadeou. Do ponto de vista psicológico, não há o que objetar ao assassínio de Guida por Paulo, num momento de desvario, em que não custava muito empurrá-la para o abismo. Paulo não estava mais dividido: incapaz de relacionar-se novamente com a mulher, não suportaria sua cobrança constante. Por outro lado, o sentimento de culpa de Lígia a obrigaria, como de fato a obrigou, a repelir o amante e a responsabilizá-lo publicamente pelo crime.

A coerência psicológica está respeitada na íntegra. Aceito o insólito de Guida oferecer o marido à irmã, para defendê-la contra a morte, tudo o mais se justifica sem estranheza. Talvez apenas Nelson, condicionado pelas histórias curtas de *A vida como ela é...*, tenha precipitado a última cena, buscando um efeito de surpresa que prejudica, em grande parte, a veracidade. Paulo joga a mulher do alto com tanta pressa que o leitor/espectador sente ter faltado preparo para a conclusão, não obstante ele possa estar revidando à recusa dela de que continuem a partilhar a mesma cama. Nesse caso, a economia excessiva do diálogo perturba a credibilidade da cena. Algumas réplicas suplementares teriam ajudado o público a convencer-se da inexorabilidade do crime. Como ele transcorre, sem completa sustentação do diálogo, pensa-se que Nelson concedeu ao melodrama.

O melodrama supõe um desenlace surpreendente, a que faltou sustentação psicológica aceitável. Não se estranhe essa observação, a propósito de *A serpente*, porque Nelson já havia incorrido nesse pecado. Provavelmente os limites de espaço nos folhetins jornalísticos obrigam ao final precipitado, em que a imaginação do leitor supre o que deixou de ser escrito. E é menor, também, a exigência literária. Já a estrutura dramática requer rigor comprovado, em que a surpresa precisa estar fundamentada em necessidade. Aludiu-se à melodramaticidade, por exemplo, de *Beijo no asfalto*. Escapou dessa restrição *Toda nudez será castigada*, porque o desfecho apela para a fantasia absoluta, que enriquece o universo ficcional da peça.

As lacunas de *A serpente* se referem à excessiva síntese do diálogo, que não dá tempo para que as emoções se encorpem e atinjam o espectador. Arte impura, o teatro reclama às vezes um pouco de redundância, para que o efeito almejado se fixe no público. Pode-se julgar antológica a cena de Décio e a crioula. O próprio Nelson sentiu falta de novo encontro dos dois, tanto assim que escreveu outros diálogos, não incluídos na primeira edição, porque composta antes. O acréscimo, porém, ainda não completa o perfil humano da crioula, que permaneceu naquele símbolo sexual cru.

O próprio tema, as falhas e a pequena duração, sintoma do fôlego menor, não permitem ver *A serpente* como obra ambiciosa. Sob certo ângulo, cabe considerá-la um rescaldo – produto de cansaço, em que somente alguns aspectos da sensibilidade surgem aguçados. É certo que, no tratamento do sexo, Nelson nunca se mostrou tão ousado. A peça devassa a intimidade do casal e suas conseqüências são trazidas ao diálogo. A crioula faz a Décio uma pergunta que o dramaturgo qualificaria torpe, no desnudamento de preferências inconfessáveis. Esse gosto nada tem de sensacionalista, mas se liga ao conhecimento da psicologia do brasileiro.

O sexo e não o amor comanda as ações. Décio tem muito das personagens intocadas pela banalização do cotidiano. Irmão espiritual de Herculano, não conhecia a experiência sexual, antes do casamento. Confessa que nem havia tentado o prazer solitário, à semelhança de Serginho. Certamente a transformação do sexo em tabu é que o deixou impotente diante de Lígia. A peça não indicava a duração da vida conjugal, mas, na forma definitiva, a fixou em um ano. E, nesse tempo, Décio só procurou a mulher três vezes, frustrando-se na relação. A "crioula de ventas triunfais" despertou-lhe o desejo fulminante, onde não existe vislumbre de amor. Pelos palavrões, pelas réplicas sórdidas, é lícito pensar que o sexo se liga a sentimentos inferiores e libera a natureza animal. Décio pavoneia-se com o tradicional machismo brasileiro: "Ouçam, ouçam! Eu sou outro. Dei, dei nessa crioula, quatro sem tirar". Apaziguado na convicção de que é homem, ele deseja recuperar Lígia (e também exibir a virilidade descoberta), sendo escorraçado do apartamento.

A reação imediata de Lígia à oferta de Guida é de perplexidade. Entre ela e o cunhado nunca houve uma aproximação que justificasse o ato sexual: "Como uma noite, se ele não me olhou, não me sorriu, não reteve a minha mão? E, de repente, acontece tudo entre nós? E ele quer, sem amor, quer?" Guida, porém, acredita no sortilégio, no poder vital do sexo. Assegura à irmã que ela "nunca mais terá vontade de morrer". Nelson põe na boca de Guida uma fala que deve ter-lhe custado muito, já que sempre advogou a união de amor e sexo, a plenitude do sexo dentro do amor: "O homem deseja sem amor, a mulher deseja sem amar". Nessa separação estaria a origem da queda paradisíaca – a tragicidade da condição humana.

E é a partir da descoberta do sexo que se acende a chama amorosa de Lígia. A princípio, paralisava-a o veto moral. Ela diz a Paulo: "Fazer isso com o cunhado... Pior que o irmão é o cunhado". E depois grita na boca de cena, presente Guida: "E o meu medo era o incesto. O cunhado é assim como um irmão". Lígia infringe um tabu, Eva que morde o fruto proibido, cedendo à tentação da serpente. Saboreado o prazer do sexo, ela não se arrepende, e proclama: "O que senti foi tudo – a vida e a morte. Agora posso viver e posso morrer".

Nada sugere que Paulo cobiçasse a cunhada, antes da proposta que lhe faz a mulher. Guida, de fato, estranha que ele se convencesse depressa demais a passar uma noite com Lígia, "como se fosse a coisa mais natural do mundo". Estaria em jogo aí a disponibilidade permanente do brasileiro comum? O desafio da situação? Paulo havia achado a idéia da mulher "monstruosamente linda", sentindo-se um canalha diante dela. Bastou, contudo, a interferência na relação conjugal, para modificar-se o comportamento de Paulo. Ele não fez, desde a noite do adultério, uma carícia distraída em Guida, e não a procurou mais, sexualmente. Ela vai beijá-lo e sente em sua boca o cheiro do sexo. A presença de Lígia perturba o diálogo do casal. No peitoril da janela, Guida responde à pergunta de Paulo: se a irmã estivesse sentada ali, ele devia empurrá-la. Por despeito, mágoa ou ódio, consciente de haver perdido o marido, Guida admite o crime. E é ela quem Paulo empurra para a morte.

Equiparou-se o ato único de *A serpente* a um terceiro ato, capaz de sustentar-se, dispensados os anteriores. Nelson gabava-se de haver atingido grande concentração emocional, não perdendo tempo com as muletas convencionais do teatro, em falas do tipo "como vai?", "boa-noite" etc. A concisão visava ao objetivo de ressaltar a musculatura, liberta de adiposidades. Talvez a perseguição da essência deixe na peça a nostalgia da impureza, afinal nossa matéria do dia-a-dia.

A progressão dos acontecimentos é tão vertiginosa que o dramaturgo sentiu necessidade de introduzir um recurso inédito em seu teatro. A liberdade formal que o distinguiu incorporou às vezes, após o diálogo, uma espécie de "monólogo interior aos gritos": o ator vem para a boca de cena e "fala para a platéia como o tenor na ária". Típico recurso de estranhamento, entre o aparte antigo e a ruptura brechtiana dos episódios, quebrando pela narrativa o teor dramático do diálogo e servindo para acrescentar novos dados e estabelecer ligações. Quase sempre Nelson se serve a contento desse monólogo, ao trazer para a cena uma dimensão reflexiva interior, que não poderia exprimir-se de outra forma. Em poucas ocasiões a fala parece repetitiva, como na primeira ária de Lígia, em que ela volta a dizer o que o público acabara de presenciar.

Peça em um ato – o único dado, onde costumeiramente se especifica o gênero. O descarnamento proposital atenuou, se não aboliu, o ambiente social, embora esteja patente que as personagens pertencem à classe média, objeto preferido do dramaturgo, por conservar intactas as reservas passionais. Não será difícil reconhecer também, no apartamento em que os casais vivem em quartos contíguos, e a intimidade vaza pelas paredes, uma habitação típica da pequena burguesia do Rio de Janeiro. Ademais, embora a rubrica se refira apenas a encontro de Paulo e Lígia no exterior, Guida o localiza no Alto da Boa Vista. As várias conotações autorizam incluir esse ato único entre as tragédias cariocas.

A *serpente* não deve ser considerada o coroamento de uma grande obra. Muito antes, Nelson anunciou que acalentava o ambicioso projeto de escrever uma autobiografia em nove atos, para ser representada em três noites sucessivas. Essa obra, sim, seria o remate de uma carreira ímpar em nossa dramaturgia. É justo lamentar que o debilitamento físico, em meio às tarefas jornalísticas pesadas, necessárias à sobrevivência, tenha impedido o autor de consumar o propósito. Em país menos subdesenvolvido, o talento de Nelson teria sido poupado de desgastar-se em três colaborações diárias para jornal, mesmo quando a saúde precária impunha repouso. Para a perfeita unidade de seu teatro, porém, não faz falta essa autobiografia.

As restrições mencionadas não impedem de ver em *A serpente* uma síntese do universo rodriguiano. Nela, a análise psicológica atinge requintes de delicadeza. A tragédia carioca se manifesta na violência da paixão desencadeada, até o assassínio final. E o cerne da história remonta ao mito. *Bonitinha, mas ordinária* elegeu a tentação a que submetem Edgard em signo para que se instaure a transcedência humana. O tema volta em *Toda nudez será castigada*: Patrício tenta Herculano, despertando-lhe a sedução pela mulher. E a tentação expressa em *A serpente* coloca os protagonistas em face da tragicidade existencial, quando o homem encara o abismo que define a sua frágil natureza.

REVOLUCIONÁRIO

O teatro completo configura a imagem do renovador da dramaturgia brasileira moderna ou, se se quiser, do maior autor teatral brasileiro de todos os tempos, do dramaturgo que deu dimensão universal à nossa literatura dramática. Há um teatro no Brasil antes e outro depois de Nelson Rodrigues.

De uma afirmação inicial polêmica, em que o insulto de "tarado" não se mostrava o mais violento, com sete peças proibidas pela Censura e a muito custo liberadas, ele acabou por tornar-se, nos últimos anos de vida, a única unanimidade do nosso palco. Personalidade radical, lutou contra a corrente e propôs uma linguagem revolucionária, modificando nossa dramaturgia em vários níveis. Se a comédia, vinda de Martins Pena, dispunha de um diálogo coloquial e uma naturalidade próxima do cotidiano, o drama escorregava facilmente para o retórico, o "literário", a frase artificial e bem-pensante. Sem abdicar do poético, assimilado espontaneamente, Nelson nunca esqueceu a corporeidade cênica do drama. Todos reconhecem a vocação teatral de seu diálogo, feito de economia e valorizando demais a presença do ator. As peças pertenceram, desde o início, ao domínio do teatro e da literatura, feito que não era a norma entre nós. A linguagem foi a maior contribuição de Nelson ao teatro brasileiro.

Mas a ela se juntou a coragem de desmascarar o homem, despido de véus embelezadores. Nelson foi ao fundo da miséria existencial, num mundo aparentemente regido pelo absurdo. Inimigo de conceitos políticos e sociais que vêem na criatura apenas o produto do meio, não deixou de ambientar as personagens num quadro que detecta as humilhações dos explorados. No abismo em que se exilou, caído da graça paradisíaca, o homem ainda mantém signos de transcedência.

Indo do consciente ao subconsciente e às fantasias do inconsciente, do trágico ao dramático, ao cômico e ao grotesco (muitas vezes fundidos numa peça ou mesmo numa cena), da réplica lapidar ao mau gosto proposital, do requintado ao *kitsch*, do poético ao duro prosaísmo, Nelson conferiu aos seus textos uma dimensão enciclopédica. Nenhuma outra obra, em nosso teatro, alcançou tamanha abrangência e originalidade. A dramaturgia alçou-se, com Nelson, à altura das demais artes brasileiras, renovadas a partir da Semana de Arte Moderna de 1922.

A permanente fusão de elementos na aparência inconciliáveis autorizaria a multiplicidade de leituras das obras. Enquanto um encenador pensa em *Dorotéia* como sombria tragédia, outro coloca homens em papéis femininos e prefere a farsa desabrida. Onde um analista vê comédia de costumes, outro enxerga mito ancestral. Só uma obra de riqueza incomensurável junta os pretextos para exegeses antagônicas. As quais, aliás, se estendem ao plano ético: uns apontam a rigidez do moralista, contrapondo-se à Censura, que se vale do diagnóstico rodriguiano dos abcessos sociais para justificar as interdições. De acordo com a inclinação dos encenadores, os espetáculos valorizarão a tragédia atemporal ou a presença carioca das peças, quando elas são concomitantes e complementares, sobretudo na última fase.

Figura seminal, Nelson teria enorme descendência dramatúrgica. Foi ele quem descobriu Augusto Boal, cujas peças iniciais eram muito influenciadas pelo seu universo, inclusive com histórias de incestos... *A moratória*, de Jorge Andrade, deve muito da flexibilidade de seus dois planos (presente e passado) à estrutura de *Vestido de noiva*. As cenas curtas, a mudança constante de planos, de *Moço em estado de sítio* a *Rasga coração*, provavelmente não revelariam tanta mestria, se Oduvaldo Vianna Filho não tivesse a precedê-lo Nelson Rodrigues. Plínio Marcos faz questão de proclamar sua dívida para com o ilustre antecessor. E a maioria dos jovens autores aproveitou a ductilidade do diálogo rodriguiano.

Numa fase em que as posições políticas radicalizaram todo mundo e em que Nelson apregoou seu "reacionarismo", ninguém deixou de admirá-lo como dramaturgo e escritor. Um dia, será necessário rever o epíteto de reacionário que o próprio Nelson se afixou. Na verdade, há muito de feroz ironia nesse qualificativo. Porque Nelson Rodrigues foi reacionário apenas na medida em que não aceitou a submissão do indivíduo a qualquer regime totalitário. Quando a pessoa humana for revalorizada, também desse ponto de vista ele será julgado revolucionário.

DADOS DO AUTOR

*S*ábato Magaldi nasceu em Belo Horizonte, em 1927. Foi crítico teatral de vários jornais e revistas. Professor titular de Teatro Brasileiro da Escola de Comunicações e Artes da Universidade de São Paulo, onde se tornou Professor emérito, lecionou, durante quatro anos, nas Universidades de Paris III (Sorbonne Nouvelle) e de Provence, em Aix-en-Provence. Membro da Academia Brasileira de Letras.

Autor dos seguintes livros:

Panorama do Teatro Brasileiro (5ª edição, São Paulo, Global, 2001).

Temas da História do Teatro (Porto Alegre, Curso de Arte Dramática da Faculdade de Filosofia da Universidade do Rio Grande do Sul, 1963).

Aspectos da Dramaturgia Moderna (São Paulo, Comissão de Literatura do Conselho Estadual de Cultura de São Paulo, 1963).

Iniciação ao Teatro (6ª edição, São Paulo, Ática, 1997).

O Cenário no Avesso (2ª edição, São Paulo, Perspectiva, 1991).

Um Palco Brasileiro – o Arena de São Paulo (São Paulo, Brasiliense, 1984).

Nelson Rodrigues: Dramaturgia e Encenações (2ª edição, São Paulo, Perspectiva, 1992).

O Texto no Teatro (São Paulo, Perspectiva, 1999).

As Luzes da Ilusão, com Lêdo Ivo (São Paulo, Global, 1995).

Moderna Dramaturgia Brasileira (São Paulo, Perspectiva, 1998).

Cem Anos de Teatro em São Paulo, parceria de Maria Thereza Vargas (São Paulo, Senac, 2000).

Depois do Espetáculo (São Paulo, Perspectiva, 2003).

Teatro da Obsessão: Nelson Rodrigues (São Paulo, Global, 2004).

Teatro da Ruptura: Oswald de Andrade (São Paulo, Global, 2004).

ÍNDICE

PEÇAS PSICOLÓGICAS 9
   A mulher sem pecado 11
   Vestido de noiva 18
   Valsa nº 6 25
   Viúva, porém honesta 33
   Anti-Nelson Rodrigues 39
PEÇAS MÍTICAS 47
   Álbum de família 49
   Anjo negro 59
   Senhora dos afogados 76
   Doroteia 80
TRAGÉDIAS CARIOCAS 89
   A falecida 96
   Perdoa-me por me traíres 106
   Os sete gatinhos 116
   Boca de ouro 124
   Beijo no asfalto 136
   Bonitinha, mas ordinária 147
   Toda nudez será castigada 159
   A serpente 173
REVOLUCIONÁRIO 181
DADOS DO AUTOR 187

GRÁFICA PAYM
Tel. (011) 4392-3344
paym@terra.com.br